KB042134

소셜 미디어의 새로운 미래를 만나다

소통의 리셋, 클럽하우스

소셜 미디어의
새로운 미래를 만나다

소통의 리셋,

클럽하우스

김경헌·김정원·신영선·신호상·이종범 지음

Reset Your Communication,
Clubhouse

메디치

'클생'과 '현생'

"오늘 클하(클럽하우스) 말고 뭐했어?"

클럽하우스에서 만난 '클친'(클럽하우스 친구)들은 이렇게 서로의 안부를 묻습니다. 클럽하우스에서 얼마나 많은 시간을 보냈으면 인사를 저렇게 나눌까 싶습니다. 그만큼 클럽하우스가 중독성이 강하다는 뜻이겠죠. 그렇다 보니 클럽하우스 이용자들은 '클생'(클럽하우스 생활)과 '현생'(현실 생활)이라는 말을 사용합니다.

"클생 때문에 현생이 삭제됐어요."

"현생 살고 오겠습니다"(클럽하우스를 하다가 밥을 먹으러 가거나, 일을 하러

갈 때).

"클생 복귀했습니다"(밤에 다시 클럽하우스에 돌아올 때).

아, 제 소개가 늦었네요. 2021년 2월 4일 새벽 1시에 스팸 문자 같이 생긴 초대장을 받고 클럽하우스에 가입한 이래, 'Kay Kim(@kaybono)'이라는 이름으로 활동하며 지금까지 단 하루도 빠지지 않고 클럽하우스에 접속하고 있는 김경헌이라고 합니다. 제가 팔로우한 5백여 명의 사람들이 이끌어주는 이야기에 동참하면서, 1만 명의 팔로어를 제가 참여하는 이야기의 장으로 초대하고 있습니다.

저도 클생에 꽤 많은 시간을 할애합니다. 아침에 일어나 출근 준비를 하면서 현직 아나운서가 진행하는 〈미라클모닝 뉴스 30분〉을 듣습니다. 매일 그날의 주요 뉴스를 간단히 정리해주는 방이죠. 오전 시간대에는 이렇게 뉴스나 정보를 전해주는 '방'이 많습니다. 국내외 뉴스와 증시 정보를 알려주는 방도 있고, 블록체인 업계에 대한 다양한 소식을 정리해주는 방도 있습니다. 전날 클럽하우스에서 각자 어떤 경험을 했는지 이야기를 나누는 〈어제 클럽하우스는 어땠나요?〉도 출근길에 자주 듣습니다. 클럽하우스가 정말 흥미로운 대화 주제와 사람들로 가득 차 있음을 느끼는 시간이죠. 출근 후 혼자 업무를 보는 시간에는 클럽하우스를 작은 소리로 틀어놓고 라디오처럼 들으며 일을 합니다. 미국이 저녁 시간대가 되면서 영어로 진행되는 방들이 활발해질 때입니다. 주로 제가 멤버로 있거나 팔로우하는 해외 클럽인 〈Sustainability〉, 〈Impact Investment Club〉, 〈ESG Investing〉, 〈Startup Club〉에서 열리는 방에 들어가서 환경문제, 임팩트 투자, 스타트업과 관련된 국내외 소식과 이야기에 귀를 기울입니다.

🎉 Let's go

클럽하우스를 이용하기 전,
꼭 알아두면 좋은 것들!

1. 프로필 사진
클럽하우스 내 유일한 시각 자료. 본인을 가장 잘 드러낼 수 있는 사진을 설정함으로써 다른 이용자들이 자신을 잘 알아볼 수 있게 하는 것이 가장 중요한 목적이다. 방의 주제에 따라 수시로 사진을 바꿔가며 대화에 참여할 수 있다 (예: 여행에 대한 이야기를 나누면서 여행지 사진으로 교체하거나, 성대모사 방에서 본인이 성대모사를 하는 대상의 사진으로 교체).

2. 자기소개

자기소개 영역에 있는 모든 내용이 검색 대상에 포함되므로, 본인을 소개할 수 있는 다양한 표현과 함께 관심사나 참여 클럽, 참여 방 정보 등을 상세하게 적는 것이 좋다.

김경헌 저자의 클럽하우스 프로필 화면(2021년 4월 6일 기준).

3. 계정 연동

텍스트 기반의 소통 방법이 없는 클럽하우스에서는 주로 인스타그램이나 트위터 'DM'을 활용해 추가 연락을 진행한다. 자신의 정체성에 대한 신뢰도를 높여주는 효과도 있으므로 계정 연동을 최소 하나 이상 할 것을 추천한다.

4. 가입 날짜 및 추천자

클럽하우스에 가입한 날짜와 나를 초대한 이용자를 보여주는 곳이다. 추천자의 추천자를 계속 클릭해 내 클럽하우스 족보(?)를 추적해보는 것도 재미있는 경험이다.

이용자의 프로필에는 클럽하우스 연동 계정과
가입 날짜, 추천자, 가입 클럽 등이 담겨 있다.

5. 가입 클럽 목록

내가 멤버이거나 팔로어인 클럽의 목록을 보여주는 곳이다.

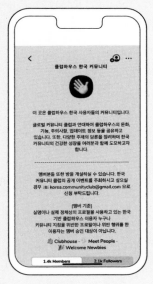

〈클럽하우스 한국 커뮤니티〉프로필 화면
(2021년 4월 7일 기준).

6. 클럽

특정 주제를 가지고 멤버들이 모이는 클럽하우스 내 개별 커뮤니티들을 말한다. 클럽하우스에서 일정 수준 이상의 활동을 한 이용자라면 누구나 클럽을 개설할 수 있다. 정보 교류, 친목, 토론 등 다양한 목적의 클럽이 존재하며, 해당 클럽을 팔로우하면 클럽에서 개설되는 방과 관련된 알림을 받을 수 있다. 클럽의 멤버가 되면 클럽 내에서 직접 방을 개설할 수도 있다.

7. 방(room)

클럽하우스의 가장 중요한 구성 요소. 이용자들이 모여서 대화를 나누는 장場으로, 2021년 4월 현재 방당 최대 8천 명까지 참여가 가능하다. 클럽 내에서 방을 열 수도 있고, 클럽과 무관하게 방을 열 수도 있으며, 모두에게 공개되는 오픈open 방, 팔로우 관계에 기반한 사람들에게만 노출되는 소셜social 방, 지정된 사람만 초대해 대화를 나누는 비공개(closed) 방으로 나뉜다. 방 내 역할로

클럽하우스 방 내부의 모습.   클럽하우스 메인 화면으로 흔히 '복도'로 지칭함.

스피커speaker, 리스너listener, 모더레이터moderator가 있다.

1) **스피커:** 방 안에서 발언권이 있는 이용자. 방 내 '무대'(stage)에 위치한다.
2) **리스너:** 방에서 벌어지는 대화를 듣는 청자로, 방 내 '객석'(audience)에 위치한다. 발언을 희망하면 손을 들어 발언권을 신청해 스피커가 될 수 있다.
3) **모더레이터:** 방의 관리자 역할. 스피커와 리스너를 지정할 수 있고, 방의 종료 권한을 가진다. 다른 스피커를 모더레이터로 지정해 함께 방을 운영할 수도 있다.

8. 복도(hallway)

메인 화면을 지칭하는 말. 다양한 방이 보여지고, 방을 선택해 들어갈 수 있기 때문에 '복도'라고 부르게 되었다.

이렇게 이야기하니 클럽하우스가 마치 라디오나 팟캐스트처럼 듣기만 하는 것이라고 오해하실 수도 있겠지만, 실은 클럽하우스의 매력은 소통에 있습니다. 글이 아닌 목소리로 나누는 '진짜 대화' 말이죠. 저도 점심시간부터 입을 열기 시작합니다. 점심 메뉴로 무엇을 먹을지, 또는 무엇을 먹었는지 이야기를 나누는 방들이 열리기 시작하거든요. 대여섯 명이 시작한 이런 방이 때로는 백 명 이상이 모이는 큰 방으로 커지기도 합니다. 대체 점심식사를 주제로 무슨 이야기를 나누길래 사람들이 듣고 말하러 모이는지 궁금하시죠? 이에 대해서는

〈첫 번째 방: 클럽하우스, 대체 정체가 무엇인가〉에서 설명하겠습니다.

오후가 되면서 점점 더 다양한 주제의 방들이 열리기 시작합니다. 〈시끄러운 미술관〉이라는 클럽에서는 장 미셸 바스키아Jean-Michel Basquiat, 데이미언 허스트Damien Hirst, 프랜시스 베이컨Francis Bacon, 이우환, 이불과 같은 예술가들의 작품 세계에 대한 토론을 정기적으로 열고 있습니다. 예술에 관심은 있지만 지식과 경험이 부족한 제게는 듣고만 있어도 너무 흥미로운 대화입니다. 하나의 직업만 갖는 것이 아닌, '엔N잡러'의 삶을 살아가는 분들에게는 〈엔잡러의 모든 것〉 클럽에서 여는 방이 큰 도움이 될 수 있을 겁니다. 비슷한 고민을 가진 분들이 모여 서로에게 도움이 되는 조언을 해주시거든요. 미국 서부가 잠들 시간에 운영하는 〈Lullaby Club〉에서 들려주는 자장가가 한국에서는 오후의 노동요가 되기도 합니다. 얼마 전에는 존 메이어John Mayer가 예고 없이 이 방에 불쑥 들어와서 노래를 한 곡 하고 사라지기도 했습니다. 방 안의 모두가 행복한 당황감에 젖어 귀 호강을 했던 시간이었죠.

퇴근 시간이 되면서 클럽하우스는 더 활기를 띄기 시작합니다. KBS의 첫 장애인 앵커이자 〈인식의 새로 고침〉 클럽을 운영하시는 이창훈 아나운서의 〈미디어가 '장애'를 다루는 방식〉이라는 방에서 저는 스피커로 참여해 청각장애인 배우 마리 매트린Marlee Matlin을 소개최했었습니다. 아카데미 여우주연상을 수상한 이 배우에 대한 이야기를 하고 싶어서 퇴근길에 발걸음을 재촉했었지요. 인플루언서 마케팅, 라이브 커머스의 노하우를 나누는 방과 제주 여행의 꿀팁을 공유하는 방도 눈에 띕니다. 한국에 관심 있는 외국인들과 함께 한국어로 대화하는 방도 있는 것을 보면, 클럽하우스에서 다뤄지는 주제의 다양성은 정말이지 상상을 초월합니다.

제가 함께 열고 진행하는 방도 있습니다. 〈손미나 작가와 함께하는, 여행의 모든 것〉 방에서 전 KBS 아나운서 손미나 작가님과 함께 여행에 대한 여러 가지 이야기를 나누었는데요, 요즘 코로나19로 여행길이 막혀 있어 그런지 많은 분이 한풀이하듯 다양한 여행 에피소드를 쏟아내주셨습니다.

탈북인 친구들과 함께 진행하는 〈북한궁금쓰? 찐 윗동네 친구들이 왔다!〉도 매우 흥미롭습니다. 북한에 대한 여러 가지 제한적 시각에서 벗어나, 그곳에 사는 사람들과 그들의 삶에 집중하고자 시작된 이 방에서는 '인간 OOO'으로 북한에서 태어나 겪은 경험을 허심탄회하게 나눕니다. 이 방에 참여하는 스피커들은 '서울에서 접할 수 있는 북한 음식', '북한의 대표적인 여행지', '평양의 핫플레이스', '북한에서의 소개팅과 미팅' 등에 대해 질문하며 서로의 삶과 관심사가 생각보다 훨씬 더 비슷함을 깨닫고 있습니다. 클럽하우스에서 탈북인 친구들이 적극적으로 소통하는 것을 의미 있게 지켜본 BBC가 이 방을 취재해 소개하기도 했죠. 〈Sustainable Future〉라는 클럽도 운영하고 있는데, 지속가능한 미래를 만들기 위해 우리는 무엇을 해야 하는지에 대한 생각을 나누는 곳입니다. 개인의 노력부터 기업의 비즈니스 전환까지 다양한 주제를 다루며 심도 있는 논의를 이어가고 있습니다. 더 일상적인 주제를 다루는 〈올킬맛집〉과 〈와인탐구생활〉 방에서 맛집과 와인에 대해 다양한 이야기를 나누다 보면 어느새 두세 시간이 훌쩍 지나가기도 하고요.

오후 9시 30분에는 클럽하우스가 한국에 정착한 이래 매일같이 열리는 〈클럽하우스 신입생 환영회〉가 있습니다. 새롭게 가입한 분들을 위해 클럽하우스의 원칙과 규칙, 앱 내 기능 및 사용 방법을 설명해주고 질의응답을 진행하는 방으로, 현재 국내 클럽하우스 클럽 중 가장 많은 팔로어를 보유하고 있는 〈클럽하우스 한국 커뮤니티〉 클럽에서 운영하고 있습니다. 이 클럽은 저를 포함한 약 25명가량의 운영진(이들의 팔로어 수를 모두 합치면 30만 명이 넘습니다)이 건강하고 안전한 클럽하우스 문화를 정착시키기 위해 자발적으로 참여하고 있습니다. 저도 운영진으로 참여하고 있고요. 운영진들은 매주 주간 회의를 하고, 각자 일주일에 두세 번씩 클럽에서 열리는 방을 진행하거나 클럽하우스의 최신 동향을 포착해 이를 문서화하는 등 꽤 많은 시간을 클럽 운영에 투자하고 있어요. 많은 분이 클럽하우스 직원 아니냐고 물어볼 정도로 클럽하우스에 진심인 편이죠. 저와 함께 이 책을 쓴 저자들 대부분이 이 클럽의 운영진으로, 이야기가 나온 김에 잠깐 이 책의 구성과 저자들을 소개해볼까 합니다.

신영선(@youngsun) 님은 〈클럽하우스 한국 커뮤니티〉 클럽을 설립한 분으로, 2021년 1월 클럽하우스 한국 상륙의 산증인입니다. 한국 클럽하우스 이용자들을 가장 오래 지켜본 사람 중 한 명으로, 〈첫 번째 방: 클럽하우스, 대체 정체가 무엇인가〉(이 책에서는 클럽하우스의 테마와 구성에 맞춰 '챕터'나 '장' 대신 '방'이라는 표현을 썼습니다)에서 클럽하우스가 무엇인지 자세히 설명하면서 미국과 한국에서 클럽하우스가 어떻게 성장해왔는지의 목격담을 공유해주셨습니다. 클럽하우스를 처음 접하는 분들이 서비스 이용의 첫걸음을 잘 내딛을 수 있도록 도울 수 있는 방이 되길 바랍니다.

이어지는 〈두 번째 방: 사람들은 왜 클럽하우스에 빠져드는가〉의 흥미진진한 이야기는 김정원(@garden1) 님이 풀어주셨는데요, 왜 사람들이 이 음성 기반의 소셜 미디어 플랫폼에 빠져드는지를 설명해주셨습니다. 정원 님은 현생에서 예술과 인문학 위주의 독서 모임인 '언어의 정원'을 운영한 경험을 살려 클럽하우스에서도 동명의 클럽을 운영하면서 미술, 철학, 인문학을 포함한 다양한 주제의 흥미로운 이야기들을 다루고 있습니다. 그 누구보다도 많은 사람과 소통하며 '클생'을 살고 있는 터라, 클럽하우스의 매력을 여러 관점에서 입체적으로 표현해주시리라 생각합니다.

심리학을 전공하고, 현재 심리학을 주제로 한 웹툰을 연재하고 있는 이종범(@elmarbum) 님은 오랜 시간 소통과 불통, 편견과 소외, 공감과 회복 등에 대해 고민해왔습니다. 그래서인지 그의 웹툰 〈닥터 프로스트〉에는 이러한 고민들이 많이 녹아 있습니다. 클럽하우스 활동을 시작하면서 이 주제들에 대한 종범 님의 생각이 빠르게 굴러가는 눈덩이처럼 커지기 시작했고, 그 생각들을 정리해 〈세 번째 방: 진정한 소통을 위하여〉에 담았습니다. 결국 이 책이 이야기하고자 하는 클럽하우스의 정체는 '소통' 그 자체이기 때문이죠. 개인적으로 종범 님은 저를 클럽하우스로 초대해준 분입니다. 이 초대 덕분에 제 현생의 적잖은 부분을 빼앗겼지만, 함께 소통의 본질을 고민하고 이를 책으로 정리할 수 있음에 감사함을 느끼고 있습니다.

〈특별한 방 Ⅲ: 클럽하우스 비즈니스 스쿨〉을 통해 마케팅과 브랜딩 채널로서의 클럽하우스의 가능성을 역설하신 신호상(@tonygogo) 님은 〈클럽하우스 한국 커뮤니티〉 클럽 운영진은 아니지만, 그 이상으로 클럽하우스 내 영향력이 큰 분입니다. 한국 버거킹의 'CMO'(Chief

Marketing Officer, 기업 마케팅 부문 전체를 총괄하는 경영자)라는 직책에 걸맞게 실제 기업 입장에서 클럽하우스를 연구하며 클럽하우스 내 여러 마케터와 함께 활발한 논의를 이끌고 계십니다. 이 책에서 그 진수를 잘 정리해주셨습니다.

이 책을 기획하면서 꼭 담고 싶었던 두 분의 이야기가 있었습니다. 대한민국 클럽하우스 팔로어 수 1위인 사이먼 도미닉(@longlivesmdc) 님과, 대한민국을 대표하는 뇌과학자 정재승(@jsjeong3) 카이스트 KAIST 교수님이 그 주인공입니다. 이 두 분은 클럽하우스는 어떻게 바라보고 있을까요? 제가 직접 진행한 그분들과의 흥미로운 인터뷰도 〈특별한 방〉으로 이 책에 담았습니다.

신입생 환영회 이야기를 하다가 여기까지 왔네요. 이제 신입생 환영회가 끝난 오후 11시경의 클럽하우스로 돌아와보겠습니다. 클럽하우스의 재미와 감동은 이 시간대부터 만개합니다. 잠들 시간이 다가올수록 대화의 밀도가 진해지는 곳이 바로 클럽하우스거든요. 휘파람 공연을 하는 방, 영화에 대한 퀴즈를 내고 맞히는 방, 서로 연애 경험을 나누고 고민을 상담하는 방, 특정 브랜드의 경험을 나누는 방, 패션을 논하는 방, 책을 낭독해주는 방, 애견인과 애묘인이 모여 반려동물에 대한 이야기를 꽃피우는 방 등 수백 개의 방이 사람들을 불러 모읍니다. 그리고 그 수다들은 새벽을 지나 때로는 동틀 때까지 이어지기도 합니다. 가끔 아침에 일어나 클럽하우스에 접속해보면 방에 홀로 덩그러니 남겨진 사람도 심심치 않게 볼 수 있는데요, 전날 밤을 새며 이야기하다 잠들어버린 분들입니다. 왜 클생 때문에 현생이 삭제되고 있다고 하는지 아시겠죠?

　이렇게 수십, 수백 명이 모여 이야기꽃을 피우는 방도 좋지만, 클럽하우스의 새벽 감성을 제대로 건드려주는 곳은 10명 내외의 작은 친목 방들입니다. 특별한 주제로 이야기를 나누기보다는, 서로의 안부를 묻고 각자가 보낸 일상을 이야기하며 하루를 마무리하는 방이죠. 저도 종종 새벽 1시 넘어 한 번씩 들르는 방이 하나 있습니다. 〈소소소소한 방〉이라는 제목의 이 방은 대부분 실제로 만나본 적 없는 '클친'들로 이루어져 있습니다. 서로의 직업이나 나이를 잘 모르는 경우도 많고요. 한국, 영국, 네덜란드, 미국을 포함한 여러 나라에 살고 있는 이들은 누가 시키지 않았는데도 삼삼오오 클럽하우스로 모입니다. 그렇다고 모인 이들이 대단한 이야기를 나누는 것도 아닙니다. 오늘 어떤 음식을 먹었는지, 회사에서는 별일 없었는지, 오늘의 기분은 어땠는지, 요새 고민거리는 없는지……, 말 그대로 '소소한' 이야기를 나눕니다. 〈소소소소한 방〉의 친구들은 제 이야기에 열심히 귀 기울여주고, 칭찬과 응원, 위로와 격려를 해줍니다. 그렇게 웃고 떠들다 보면 어느새 시곗바늘이 새벽 4시를 가리킵니다. 하지만 그 피곤함을 충분히 상쇄시킬 만큼의 따뜻함과 충만함을 얻습니다. 아마 오늘도 대한민국을 비롯한 전 세계 곳곳에서 수백, 수천 개의 소소한 방들이 한국어, 영어, 스페인어, 프랑스어, 일본어, 중국어, 독일어 등 다양한 언어로 열리고 있을 겁니다. 저는 이 작은 크기의 방들이 클럽하우스라는 거대하고 단단한 벌집을 지탱하는 핵심 요소라고 생각합니다. 클럽하우스 사용자들이 쉽게 이곳을 떠나지 못하는 이유는 바로 이곳에 내 '친구'들이 있기 때문이죠.

클럽하우스에 대해 충분히 흥미가 생기셨나요? 그렇다면 이제 이 책의 첫 번째 방에 입장해 본격적으로 클럽하우스를 파헤쳐 보시기 바랍니다. 저는 〈에필로그〉에서 다시 찾아오겠습니다.

2021년 4월
김경헌

✚ 차례 ⠿

1

클럽하우스,
대체 정체가
무엇인가

신영선

쿠팡 프로덕트 오너. 〈클럽하우스 한국 커뮤니티〉 클럽을 설립해 운영 중.

혜성처럼 등장한
새로운 소통의 장

피로도가 높았던 기존의 소셜 미디어

포장된 나의 모습만 보여줄래

현대사회를 살아가는 우리에게 소셜 미디어는 이제 일상이자 일부이다. 나 또한 언제부턴가 주변 사람들의 소식을 직접 듣기보다 인스타그램이나 페이스북으로 확인하는 경우가 더 많아졌다. 페이스북을 열어 보면 좋은 회사에 합격 또는 이직했다거나 행복한 사람을 만나 결혼했다는 좋은 소식들이 보인다. 댓글에는 진심인지 아닌지 모를 기계적인 축하 메시지들이 가득 차 있다. 인스타그램에는 미슐랭 가이드The Michelin Guides에 등재된 식당들, 멋진 풍경의 여행지와 럭셔리한 숙소, 행복한 기념일의 향연이 펼쳐진다. 탐색하기 탭에 보이는 선남선녀들은 어쩌면 저렇게 다들 멋지고 아름다운지 모를 일이다. 나도 최대한 멋진 모습으로 글을 쓰고 반응을 기다린다. 여행을 가서는 최대한 예쁘게 나오는 '포토 스폿photo spot'에서 사진을 찍는 것을 우선시하게 된다. 한 기사에 따르면 밀레니얼 세대의 40퍼센트 이상이 여행지를 선정할 때 인스타그램에 올릴 만한 풍경이 있는지 고려한다고 한다.

이렇게 우리 삶의 큰 부분을 차지하게 된 소셜 미디어이지만, 뭔가 이상하다. 언제부턴가 소셜 미디어에 게시물을 업로드하는 것이 부담스럽다. 나만 그런 것은 아닌지, 게시물을 올리지 않은 채 몇 달 혹은 몇 년이 지난 사람들이 주변에 많아졌다. 요즘엔 실컷 찍어 놓고도 업로드 타이밍을 놓쳐서 강제로 개인 소장이 되어버린 사진과, 메모장에만 끄적였다가 영원히 올리지 못한 글들이 많다. 곰곰이 생각해보니 두 가지 이유에서였다. 게시물을 올릴 만한 대단한 사건들이 자주 일어나지 않았다는 점과, 게시물 하나를 포장해서 올리는 데 들어가는 노력이 너무나 커져버렸다는 점이다. 선물을 고르고 포장하는 게 힘든 나머지 아이러니하게도 그냥 선물 주기를 포기해버리는 느낌이랄까. 일상을 공유하고 소통하며 편안함을 느껴야 할 공간에 이제는 부담감이 자리하고 있다.

이게 대체 어떻게 된 일일까? 초창기 소셜 미디어는 자신의 간단한 소식을 전하고, 오랫동안 연락하지 못했던 현실 세계의 친구들과 온라인에서 연결되는 공간으로 기능했다. 소셜 미디어의 대표 주자인 페이스북은 학교 인증을 통해서만 가입할 수 있었고, 이러한 점을 바탕으로 실제 관계를 확장하는 수단으로 쓰였다. 한국의 싸이월드도 실제 인연을 기반으로 한 '일촌'으로 연결을 확장해 선풍적인 인기를 끌었다. 그 당시 우리가 열광하며 밤을 새우게 했던 이 서비스들은 10년이 넘는 시간을 거치면서 정제된 콘텐츠를 전시하는 개인 쇼룸으로 변모해버렸다. 아름답게 포장된 공간들을 구경하며 나 또한 경쟁에 휩싸이게 된다. 다들 너무 행복한 것 같은데 나만 불행한 것은 아닌지 상대적 박탈감을 느낀다. 나 또한 나의 쇼룸을 최대한 열심히 꾸며서 경쟁에서 뒤처지지 않으려고 발버둥 쳐본다. 하지만 결국 포장에 능하거나 업로드를 꾸준히 잘해내는 몇몇 사람들만 살아남는다. 그렇지 못한 사람들은 업로드 자체를 포기하며 단순 소비자로 전락하게 된다. 소셜 미디어를 사용함에 있어 포장된 모습만 보여줘야 한다는 압박감이 엄청난 피로감으로 다가온 것이다.

소셜 미디어 관리자의 등장과 진정성의 상실

정제된 콘텐츠를 전시하는 쇼룸과 쇼윈도 바깥 소비자 간의 소통은 편향된 쌍방향성을 보인다. 소비자는 쇼윈도를 통해서 안을 볼 수는 있지만 만져볼 수는 없다. 생산자 입장에서는 편집된 형태로 소통을 빙자할 수 있고, 소비자 입장에서는 소통하고 있다고 착각할 수 있는 좋은 구조다. 브랜드와 매니지먼트 에이전시들은 이러한 절호의 마케팅 기회를 놓치지 않았다. 편집된 소통의 효능을 극대화하는 형태로 소셜 미디어를 최적화해갔다. 소셜 미디어 관리자라는 직무가 탄생한 배경이다. 소셜 미디어 관리자는 기업이나 유명인이 저지를 수 있는 실수로 인한 PR(public relation, 불특정 다수의 일반 대중을 대상으로 이미지의 제고나 제품의 홍보 등을 주목적으로 전개하는 커뮤니케이션 활동) 리스크를 없애고, 정제된 언어로 대중과 소통한다. 소셜 미디어를 활용하고 싶었지만 리스크에 겁먹었던 수많은 인기인과 브랜드는 이러한 관리자를 통해 소셜 미디어 홍보를 시작했다. 그리고 현재 소셜 미디어 관리자라는 직군은 마케팅의 한 축을 담당하는 직무로 성장했다.

약 1년 전에 대통령이 작성한 글의 '진짜 작성자'가 누구인지 큰 논란이 일었고, 대통령이 아닌 비서실에서 작성한 것으로 결론이 났다. 그 전까지 소셜 미디어를 통한 대통령의 직접 소통을 강조해오던 터라 대중은 김이 빠지는 느낌을 받았고, 야당은 정치 공격 소재로 적극 활용했다. 특정 대통령에 대한 지지나 비판을 하려는 게 아니라, 소셜 미디어에서의 목소리가 과연 진실되고 진정성 있는 본인의 모습인가 하는 의문을 제기했다는 점에서 흥미롭게 지켜본 기억이 난다. 지금 스마트폰을 들어 '소셜 미디어 관리자 실수'라고 인터넷 검색을 해보자. 브랜드 소셜 미디어 관리자들의 실수 내용이 기사화되거나 놀림거리로 나오는 것을 어렵지 않게 찾아볼 수 있다. 유명인이나 브랜드의 목소리를 어떤 관리자가 대신 낸다면, 우리는 이 계정의 진짜 주인을 누구라고 해야 할까. 이러한 문제는 사람들로 하여금 소셜 미디어를 진정성이 낮은 매체로 인식하게 만들었다.

최근 몇 년간 소셜 미디어에서 좋은 의미로든 나쁜 의미로든 가장 많은 화제를 불러일으킨 두 인물이 있는데, 도널드 트럼프Donald Trump와 일론 머스크Elon Musk다. 그들은 트위터에서 엄청난 인기를 구가했는데, 광신도들을 몰고 다니는 수준이었다(비록 한 명은 이제 계정이 정지당했지만). 소셜 미디어의 참여도나 반응이 줄어들고 있는 시대에 이런 현상이 일어났다는 점에 주목할 필요가 있다. 트럼프와 머스크의 트윗은 일반적으로 소셜 미디어에서 바람직하다고 여겨지는 정제된 모습과는 거리가 멀다. 소셜 미디어의 모든 금기를 비웃듯 파괴한다. 논란이 될 만한 발언을 해서 벌금을 내거나 계정이 정지당하기도 하고, 자신들을 향한 비판에 정면으로 맞서면서 다른 이용자들과 말싸움에 휘말리기도 한다. 어떤 사람은 이들이 자극적인 발언을 하기 때문에 관심을 받는다고 말하겠지만, 내 기준에서 둘을 관통하는 키워드는 '날것'이다. 정제되지 않았고, 잘못된 부분도 많지만 사람 냄새가 난다. 욕을 먹어도 자신의 목소리로 세상과 소통했고, 이 역설적인 진정성이 가식과 포장으로 뒤덮인 요즘의 소셜 미디어에서 이들을 오히려 돋보이게 했다. 현대사회, 특히 소셜 미디어 영역 내에서 솔직한 사람의 목소리에 대한 갈증이 심했던 사람들에게 그 둘이 일종의 해방감과 카타르시스를 느끼게 해준 것은 아닐까.

진정성 있는 소통을 위한 클럽하우스의 도전

로한 세스와 폴 데이비슨의 마지막 도전

자, 이제 본격적으로 클럽하우스 얘기를 해보자. 실리콘밸리에서 '연쇄 창업자'의 길을 걷고 있던 폴 데이비슨Paul Davidson과, 구글에서 커리어를 쌓은 후 창업해 사업을 매각했던 로한 세스Rohan Seth의 길은 2019년을 기점으로 본격적으로 교차하게 된다. 로한 세스의 딸 리디아Lydia는 소아 간질중첩증(status epilepticus)을 안고 태어났다. 아픈 아이를 둔 모든 부모가 그렇듯, 로한과 그의 아내는 리디아를 치료하기 위해서 온갖 방법을 동원하며 백방으로 뛰기 시작한다. 논문을 뒤지고 유명 석학들을 방문한 끝에 한 줄기 희망을 찾게 되고, 성공적인 모금 끝에 치료 연구를 위한 비영리단체를 설립한다. 이 과정에서 로한은 과거 인연이 있던 폴 데이비슨에게 조언을 구하고자 연락을 하고, 그해 여름에 한 커피숍에서 만난다. 실리콘밸리의 창업가답게 그들의 대화는 사업 아이템 관련 이야기로 빠르게 전환되었고, 열띤 대화 끝에 그들은 뭘 하게 될지는 모르지만 일단 함께 사업을 해보기로 합의한다. 다만 미래가 너무 예측 불가능한 소셜 미디어 사업은 절대 하지 않기로 한다.

아이템을 찾기 위해 끝이 보이지 않는 대화를 이어가던 중, 오디오 관련 이야기가 나왔다. 예전에 로한이 개발하던 〈Phone a Friend〉라는 앱 때문이었다. 다이얼 버튼을 누르면 앱에 있는 모든 친구에게 알림이 가고, 그걸 보고 가장 먼저 접속하는 사람과 전화 연결처럼 음성 대화가 시작되는 서비스였다. 그 후에 접속하는 친구들도 대화에 합류할 수 있는 형태였다. 어느 날 〈왕좌의 게임〉을 막 시청한 로한은 다이얼 버튼을 눌러 친구들과 드라마의 줄거리를 놓고 시간 가는 줄 모르고 즐겁게 토론했던 기억을 떠올렸다. 이 서비스에서의 모든 대화가 항상 이렇게 즐겁지는 않았다. 하지만 주제와 시기, 대화 상대가 잘 맞아떨어질 때는 정말 마법 같은 순간이 연출됐다. 폴 데이비슨 또한 팟캐스트나 오디오북을 자주 듣는 사람으로서 음성 포맷이 갖는 매력에 공감하고 있었다. 자연스럽게 그들은 오디오 앱을 만들기로 했고, 이것이 그들이 함께하는 처음이자 마지막 도전이 될 예정이었다.

폴과 로한은 새로운 서비스를 단체 음성 대화와 팟캐스트가 합쳐진 형태로 구상했다. 이렇게 공개 음성 대화 플랫폼인 〈토크쇼〉가 탄생했다. 서비스 개시 후 몇백 개가 넘는 토크쇼를 주최하던 중에 그들의 미래를 바꿀 하나의 사건이 발생한다. 폴과 로한이 원격 근무의 미래를 이야기하던 중, 마침 원격 근무 서비스를 제공하는 한 회사의 부사장이 객석에 있는 것을 발견하게 되었고, 연사로 모셔 대화를 이어갔다. 순식간에 그 토크쇼는 엄청난 활기를 띠게 되었다. 방은 마치 테드TED 강연의 뒤풀이 모임처럼 변신했고, 사람들에게 친밀감과 즐거움을 선사했다. 이 사건 이후, 폴과 로한은 이 서비스가 공연의 느낌보다는 대화의 느낌을 주는 데 집중해야 한다는 확신을 얻었다. 그들은 친밀함을 확장하는 방식으로 구현해 크고 작은 대화의 참여자 모두에게 따뜻함을 선사할 수 있는 서비스가 필요하다는 데 합의하고 새로운 앱의 개발에 착수했다.

클럽하우스의 탄생과 폭발적 성장

폴과 로한은 친밀감의 빠른 확장이라는 새 방향성을 바탕으로 새로운 앱에 '클럽하우스'라는 이름을 붙인다. 공통된 목적을 가지고 멤버십 커뮤니티를 구성한 사람들이 모이는 곳을 '클럽하우스'라고 부르는 데서 착안한 것이다. 클럽하우스는 이전 앱인 〈토크쇼〉와는 달리 녹음이나 재방송 기능 없이 휘발성 대화를 담는 형태로 출시됐다. 이는 '포모FOMO'(fear of missing out)라고 지칭되는 고립공포감(소셜 미디어 이용자들이 타인과 네트워킹을 하지 못하는 경우에 심리적으로 불안해하는 증상)을 극대화한 형태였다. 내가 자리를 비운 사이에 어떤 인연이나 대화 기회를 놓치게 될지 알 수 없기 때문이다. 이 때문에 사람들은 대화에서 벗어나 앱을 종료하기 어려워할 것이 분명해 보였다. 이 모든 경험은 '팔로우'를 통해서 이뤄지게 했다. 누구와 연결되고 어떤 사람을 팔로우하는가가 곧 클럽하우스의 경험을 결정하게 한 것이다. 절대로 소셜 미디어를 만들지 않으려고 했던 폴과 로한은 본의 아니게 새로운 형태의 소셜 네트워킹 서비스를 만들게 된다. 2020년 3월 17일의 일이었다.

폴과 로한은 클럽하우스에 친구와 가족을 먼저 초대했다. 첫 번째 방이 열렸고, 그들은 클럽하우스 내 유일한 방이었던 그곳에서 실제로 만난 것처럼 모여 수시로 이야기를 나누었다. 그리고 한 달쯤 지났을 때, 폴과 로한은 자신들이 엄청난 서비스를 만들었다는 것을 느꼈다. 사람들은 앱에 접속해서 몇 시간이고 이야기를 이어나갔다. 밤늦게 나간 친구들은 날이 밝자마자 다시 접속했고, 또 어떤 친구들은 아예 앱 안에서 밤을 새우기도 했다. 이용자들 또한 클럽하우스의 엄청난 중독성에 놀라워했다. 폴과 로한의 친구와 가족으로 제한했던 초기 클럽하우스 이용자는 IT 업계 지인들로 확대된다. 주로 투자자나 창업가였던 그들은 빠르게 연결되었고, 클럽하우스 활동으로 쌓은 친밀감을 바탕으로 이곳에서 나눴던 대화에 관한 무용담을 다른 소셜 미디어에 올리기 시작했다. 코로나19로 콘퍼런스conference와 공연, 여행 등이 다 막혀버린 시점에 사람들은 새로운 놀이터를 발견했고, 빠르게 클럽하우스의 매력에 빠져들었다.

클럽하우스는 늘어나는 이용자의 수만큼이나 빠르게 발전하며 성장해나갔다. 사람들이 직접 방을 만들 수 있게 되었고 원치 않는 노이즈들을 최소화하고자 '스피커'와 '리스너'라는 두 역할을 생성했다(초기 클럽하우스는 역할 구분 없이 모두가 스피커였다). 우리가 알고 있는 '모더레이터'라는 새로운 역할도 이 과정에서 추가되었다. 부족한 기능들은 이용자들이 직접 보완해나갔다. 사진을 공유할 방법이 없던 점은 프로필 사진을 바꾸는 방식으로 대화에 시각적인 요소를 더했고, 이를 하나의 놀이 문화로 승화했다. 공감이나 찬성을 표현할 방법이 없던 점은 음소거 버튼을 연타하는 방식으로 박수를 흉내 내며 해소했다. 이용자들의 적극적인 참여에 기반해 급속도로 성장한 클럽하우스는 2020년 5월에 투자를 받게 된다. 점진적으로 이용자를 늘려가기 위한 전략으로 클럽하우스와 이용자들은 특정 커뮤니티를 정해 순차적으로 초대했다. 이를 통해 이용자의 다양성을 보장하고자 한 것이다. 예를 들면 흑인 이용자 수가 적은 상황을 개선하고자 의도적으로 흑인 이용자들을 더 많이 초대하는 식이다. 이렇게 클럽하우스는 다양한 국가와 커뮤니티로 서서히 뻗어나가기 시작했다.

클럽하우스, 한국에 상륙하다

2021년 1월 전에 클럽하우스에서 한국어로 만들어진 방을 찾는 것은 거의 불가능했다. 클럽하우스의 특성상 특정 집단 안에서 일정 수준의 사람 이상이 모여야 커뮤니티가 형성되기 시작하고, 그 커뮤니티의 방이 복도에 점점 나타나기 때문이다. 초기 클럽하우스에는 실리콘밸리나 미국에서 활동하던 한국인 이용자들이 몇 명 있었지만, 이들만으로는 존재감을 형성하기 역부족이었다. 그들의 말에 따르면 당시의 기분은 마치 해외에서 외롭게 사는 이민자 같았다고 한다.

본격적으로 한국인들이 클럽하우스에 발을 딛은 것은 2021년 1월 25일 전후였다. 실리콘밸리의 대표 밴처캐피탈venture capital 중 하나인 앤드리슨 호로위츠Andreessen Horowitz가 약 1조 원의 가치평가로 클럽하우스에 후속 투자를 했다는 기사가 크게 났다. 한국에서도 해당 기사를 본 업계의 얼리 어답터early adopter들이 페이스북 커뮤니티 등을 통해 초대장을 구하며 하나둘씩 들어오기 시작했다.

같은 날, 집에서 기사를 보고 클럽하우스에 더 큰 흥미를 갖게 된 나는 미국에서 잠시 한국에 와 있던 동생에게 "명철아, 클럽하우스 초대장 하나 있으면 좀 줘봐" 하고 가볍게 말을 건넸다. 실리콘밸리에 본사를 둔 IT 기업에서 일했었기 때문에 떠오르는 기술 기반 스타트업 서비스에 관심을 항상 가지고 있었다. 클럽하우스도 그중 하나였고 단지 호기심이 컸을 뿐, 꼭 들어가야 한다는 생각은 없었다. 해외 서비스를 먼저 써본다는 마음으로 초기 인스타그램이나 페이스북 가입하듯 가볍게 접근했다. 초대장이 떨어져 없다던 동생은 며칠 후

첫 가입할 때의 화면. 초대자와 가입 날짜가 프로필 하단에 기입된다.

1월 29일에 추가로 초대장을 받았다며 나에게 초대 문자를 보냈다. 그렇게 내 인생에 예상치 못한 큰 소용돌이가 찾아왔다.

내가 클럽하우스에 가입한 이튿날, 한국 커뮤니티의 본격적인 형성에 크게 기여한 방 하나가 우연히 생겼다. 바로 〈Welcome chung〉 방이었다. 클럽하우스에는 친구가 가입했을 때 'Welcome OOO'라는 제목의 '웰컴 방'을 만들어주고, 지인들이 새로 가입한 사람을 환영해줄 수 있도록 하는 기능과 문화가 있다. 1월 31일 새벽, 배우 정려원 님을 초대한 분이 〈Welcome chung〉 방을 만들게 되었고, 그분의 친구인 나의 후배 한 명도 그 방에 들어가게 되었다. 오랜만에 보는 후배의 이름이 반가워서 들어간 그 방에는 정말 배우 정려원 님이 있었고, 유저 두 명 정도가 조금 더 먼저 와서 자리하고 있었다. 평생 이야기를 나눌 기회가 없었을 것 같던 사람들이 서로를 소개하며 사소한 주제로 대화하기 시작했고, 방에는 점점 더 많은 사람이 들어오기 시작했다.

'대체 chung이 누군데 웰컴 방에 사람이 저렇게 많아?' 하는 생각에 사람들이 방에 계속해서 들어온 것 같았다(당시 보통의 웰컴 방 평균 이용자 수는 5~10명 수준이었다). 결국 자정이 조금 넘은 시각부터 오전 5시까지 카카오, 당근마켓, 브이씨엔씨vCNC, 라인, 쿠팡 등 다양한 IT 회사 종사자를 중심으로 약 70명가량의 인원이 접속해 모두 한 명씩 자신을 소개하고 이야기를 나누는 신기한 경험을 하게 되었다.

삼삼오오 흩어져 있던 한국인들이 한 명의 매개자를 통해 같은

오전 1시 15분에 시작된 방.   오전 4시가 넘도록 떠나지 않는 사람들.

공간에 모여 서로를 팔로우하면서 클럽하우스 안에서 네트워크가 형성되기 시작했고, 이는 한국어 방이 가득한 복도가 생기는 데 결정적인 역할을 했다. 이어서 배우 하연주, 래퍼 사이먼 도미닉, 방송인 노홍철 같은 연예인부터 정태영 현대카드 부사장, 정용진 신세계 부회장 등의 대기업 경영진들, 미래학자 정지훈 교수, 뇌과학자 정재승 교수, 장동선 궁금한뇌연구소 대표 같은 지식인까지 정말 다양한 분야의 권위자들이 속속 클럽하우스에 합류하고 이야기를 나누기 시작했다. 지척에서 이러한 대화를 듣거나 직접 대화에 참여하게 된 사람들이 신기한 경험에 대한 감상을 담아 너도나도 인스타그램과 같은 다른 소셜 미디어에 관련 내용을 업로드하기 시작했다. 한국인 커뮤니티가 폭발적으로 성장하기 시작했고, 그 과정에서 '클럽하우스 시리siri'와 같이 끼가 넘치는 수많은 사람이 들어와 짧은 시간 안에 자리를 잡고 영향력을 키워갔다.

돌이켜보면 내가 클럽하우스에 가입한 2021년 1월의 마지막 주는 클럽하우스 한국 커뮤니티가 형성되던 나름의 역사적인 순간이었다. 서비스 안에서 커뮤니티가 어떻게 자리를 잡고 성장해가는지 생생히 지켜보는 영광을 누린 것이다. 첫날 앱을 그냥 지울까도 생각했던 내가 정말 짧은 시간 동안 진정성 있고 유의미한 인연을 인생의 그 어느 때보다 높은 밀도로 만들 수 있게 되었다. 클럽하우스는 어떻게 나를 비롯한 많은 사람에게 이토록 빠르고 깊게 침투할 수 있었을까?

클럽하우스는 무엇이 다른가

실명과 음성, 실시간, 그리고 우연성의 힘

클럽하우스의 특별함의 중심에는 '실존성'과 '진정성'이라는 두 가지 키워드가 자리 잡고 있다. 실존성은 한 사람이 실명에 기반한 하나의 계정을 사용한다는 데서 기인하며, 진정성은 음성과 실시간성에서 비롯한다. 지금부터 이 두 가지 요소에 기반하여 클럽하우스가 다른 소셜 미디어와 어떻게 다른지 소개하고자 한다.

실명제가 주는 신뢰감

클럽하우스는 1인 1계정을 원칙으로 하며, 그 계정의 정체성은 '사람'이어야 한다. 브랜드 계정은 커뮤니티 규칙 위반이며, 한 사람이 두 개의 계정을 만드는 것도 허용되지 않는다. 거기에 더해서 원칙적으로 실명을 사용해야 하고 이름의 변경도 제한적이다. 하나의 계정을 한 명의 실존하는 존재와 일치시키기 위한 클럽하우스의 노력이 느껴진다. 실명제 소셜 네트워킹 서비스가 갖는 장단점은 너무나도 뚜렷하지만, 클럽하우스에서는 이 실존성이 확실히 안전성과 신뢰감은 부여하는 데 기여한다. 내가 말을 하고 있을 때, 내 말을 듣는 사람들이 누구인지 안다는 것은 말하는 사람으로 하여금 안전함을 느끼게 한다. 내가 대화하고 있는 상대가 어떤 사람인지 알 수 있기 때문에 생기는 신뢰감은 말할 것도 없다. 익명성이 주는 자유의 부재가 아쉽게 느껴질 수도 있겠지만, 서로 예의를 갖춘 상태로 안전한 대화가 일어난다는 점에서 장점이 더 크다고 할 수 있다.

신기한 점은 자신의 신분을 다 노출한 채로도 과감한 주제의 이야기들이 오고 간다는 점이다. 나의 과거 연인 이야기를 공유하는 방이나 29금 대화방 등에서는 익명으로도 잘 공유하지 않을 자신의 속 깊은 이야기를 허심탄회하게 나누는 모습을 볼 수 있다. 미루어 보건대, 어쩌면 익명·실명의 구분보다 말하는 사람이 안전함과 신뢰감을 느끼게 하는 것이 더 큰 영향을 줬을지도 모르겠다. 클럽하우스가 실명제를 기능이나 사용자 경험 측면에서 꽤 잘 구현해 장점이 더 주목받을 수 있게 만들어놓았다는 점은 분명하다.

음성 기반의 소셜 네트워킹 서비스가 주는 친밀함

음성은 소통에 굉장한 친밀감을 부여한다. 문자나 메신저로만 교류하던 사람과 처음으로 전화 통화를 하던 그 긴장되는 순간을 떠올려보자. 긴장이 주는 떨림을 넘어서면 대화를 통해 상대방과 놀라운 속도로 가까워진다. 목소리에는 글로 전달할 수 없는 성격이나 감정이 담겨 있고, 그 특성상 포장하기가 힘들기 때문이다. 클럽하우스에서 목소리를 들으며 몇 시간씩 이야기하다 보면 상대가 굉장히 편하고 가깝게 느껴진다. 음성의 힘이다.

그래서인지 클럽하우스에서 만난 지 얼마 안 된 친구들과 오프라인 모임을 했다는 후기가 정말 많이 들려온다. 나 또한 현재 한국 커뮤니티 클럽을 함께 운영하는 운영진과 종종 만난다. 놀라운 것은 처음 만나는 순간에도 어색함이나 괴리감이 전혀 없었고, 마치 오래된 친구처럼 서로를 대할 수 있었다는 점이다. 일반적으로 누군가와 친해지는 데 상당한 시간이 소요되는 다른 소셜 미디어에서는 쉽게 볼 수 없는 모습이다. 한정된 텍스트나 시각 정보로는 그 사람에 대해 많은 것을 알기 어렵기 때문이다. 막상 만나도 대화가 시작되면 어색하다. 음성의 형태로 대화를 해보지 않았을 경우, 초반에 그 사람의 분위기와 성향을 파악하는 데 꽤 큰 노력이 필요하다.

클럽하우스는 음성이 줄 수 있는 감정 전달과 친밀함은 살리고 비디오가 주는 부담감은 없앴다. 게다가 일대일 대화가 가질 수 있는 어색함을 단체 대화라는 형태로 극복했다. 대화 중에 앉거나 일어서거나 눕거나 엎드리든 전혀 상관이 없다. 어떤 옷을 입고 있어도(혹은 벗고 있어도) 괜찮다. 여기에 클럽하우스는 동그라미 형태로 사진을 줄줄이 배치함으로써 함께 있다는 친밀한 느낌을 더한다. 이를 통해 이용자들은 물리적으로 멀리 떨어져 있어도 함께 존재한다는 느낌을 강하게 받는다. 클럽하우스는 기능적으로 다른 방해 요소가 별로 없어 음성에 집중할 수 있도록 설계되어 있고, 때문에 음성의 친밀감이 더 크게 와닿는 서비스다.

실시간 대화의 희귀함과 소중함

실시간성과 휘발성이 주는 소중함도 빼놓을 수 없다. 유튜브나 인스타그램, 페이스북의 콘텐츠 대부분은 언제든지 저장해놓고 다시 볼 수 있다. 굉장한 장점이지만, 한편으로 당장 봐야 할 긴급성(Urgency)이 떨어지기 십상이다. 많은 사람이 페이스북에서 본 기사와 유튜브 영상을 보관함에 넣어두지만, 나의 경우도 그중 대다수는 아직까지 열어 보지 못했다. 책의 경우에는 그게 더 심해서 구매한 후 펼쳐 보지도 못한 책이 책장에 한가득이다. 실시간으로 이루어지는 콘텐츠들은 그 순간에만 느낄 수 있는 감성이 있다. 지구 반대편에서 열리는 월드컵 결승전을 다음 날 아침에 재방송으로 볼 수도 있지만, 밤을 새워가며 생중계로 보는 이유는 실시간성이 주는 특별함 때문이

다. 결과를 모르고 본다고 하더라도 이미 정해진 것을 볼 때의 긴장
감과 환희는 실시간으로 그것 같은 것을 볼 때와 본질적으로 다르다.

클럽하우스 방에서의 대화는 한번 놓치면 예외가 없는 한 영원
히 들을 수 없다. 실시간성에 휘발성까지 추가했기 때문이다. '기록
으로 남지 않는다'는 특성에 사람들은 더욱 편하게 자신의 이야기를
솔직하게 꺼내게 된다. 이에 따라 대화가 자연스럽게 깊어진다. 이런
양질의 대화에 희소성의 요소마저 가미되기에 사람들은 쉽게 '조용
히 나가기'(Leave quietly) 버튼을 누를 수 없게 된다. 여행지에서 만나
게 된 사람들과 헤어질 때 다신 못 볼 것 같다는 마음에 괜히 더 아
쉬운 것과 비슷하다. 사람들의 체류 시간이 길어지니 방 안의 인원
이 늘어나고 사람들이 더 모인다. 갑자기 열린 매력적인 길거리 공연
에 하나둘씩 관객이 모여드는 형국이다. 복도에서 방들을 보면 내가
팔로우하는 사람들의 이름이 방 이름 아래에 나열된다. 이들은 대체
무슨 이야기를 나누고 있는 걸까. 대화를 놓치면 안 될 것 같은 불안
함을 강력하게 자극하는 의도적인 설계임이 분명하다.

우연한 만남으로 이루어진 클럽하우스

인간의 뇌는 예측 불가능성을 갈구하도록 만들어져 있다. 인간의 쾌
락을 담당하는 뇌 속의 화학 물질인 도파민은 예측 불가능성이 높
을 때 더 활성화된다. 우리는 예측 가능한 반복적인 보상보다 가능성
과 기대를 넘어서는 보상에 항상 열광한다. 클럽하우스의 방들은 전

혀 예측이 불가능하다. '우연한 만남'(random encounter)이 온종일 지속된다. 이 책의 저자 중 하나인 이종범 님이 아내에게 플레이스테이션PlayStation을 선물받았다고 자랑하는 이야기를 들은 플레이스테이션 본사 직원이 게임 타이틀 하나를 선물로 주었다는 이야기가 좋은 예시다. 우연한 만남은 연속해서 찾아오기도 한다. 우연히 방송인 노홍철이 만든 방을 발견하고 들어간 한 이용자는 들어가서 손을 들고 즐겁게 이야기를 시작했다. 그러다 갑자기 평소에 좋아하던 뇌과학자 장동선 박사가 방 안에 들어왔다. 장동선 박사가 스피커가 되어 뇌에 관해 이야기하던 중 갑자기 우주인 이소연 님이 방에 들어와서 자신의 우주여행 이야기를 이어가는 식이다. 방 제목도 마찬가지다. '점심 뭐 먹지?'로 시작한 방이 어느새 사회문제에 대한 열띤 토론 방으로 변화하기도 하고(클럽하우스에서는 한번 연 방의 제목을 중간에 변경할 수 없다), 진지한 상담 방이 즐거운 게임을 함께하는 방으로 변신하기도 한다. 이처럼 클럽하우스의 방은 그 주제부터 등장인물까지 예측 불가능성 그 자체이며 우연한 만남투성이다.

내가 클럽하우스에서 한국 커뮤니티를 만들고 운영하게 된 것도 정말 클럽하우스다운 우연 때문이었다. 앞서 가입 첫날만 해도 앱을 지울 뻔했다고 얘기했는데, 앱 내의 설명은 불친절하고 방들은 다 영어로만 이루어져 있었기 때문이었다. 이곳에서 대체 무엇을 어떻게 해야 하는지, 도무지 감이 잡히지 않았다. 그러던 중 우연히 미국 〈커뮤니티 클럽Community Club〉에서 운영하는 클럽하우스 〈초보자 가이

우연히 만나게 된 사람들.

첫 신입생 환영회에 방문한 사람들이 또 운영진이
되었다.

드〉(Beginner's guide) 방에 들어가게 되었다. 앱 내 다양한 기능들을
설명해주면서, 어떻게 사용하면 앱을 더 재미있게 쓸 수 있는지 등
을 친절하게 설명해주고 있었다. 영어를 할 수 있었기에 나는 이 방
에서 많은 정보를 습득해 빠르게 서비스에 적응하고 활동할 수 있었
다. 게다가 이런 방에서 나보다 더 먼저 클럽하우스에서 활동하고 있
던 몇몇 교포분들과 해외 거주자분들을 만나 그들로부터 더 많은 정

보와 팁을 얻을 수 있었다. 아는 정보가 많아지다 보니 자연스럽게 사람들이 나에게 클럽하우스 관련 질문을 하기 시작했다. 가수 지숙 (@jisook718) 님 만든 방에서 클럽하우스를 통해 알게 된 홍소피아(@ beautytech) 님과 함께 이런저런 질문에 답변하던 중, 새로운 가입자들이 많으니 그들을 대상으로 클럽하우스를 안내해주는 방을 열자는 의견이 나왔다. 그렇게 〈클럽하우스 신입생 환영회〉가 만들어졌다.

첫 번째 신입생 환영회에 우연히 배우 하연주(@yeonjoo.ha) 님이

신입생 환영회에 우연히 찾아온 래퍼 사이먼 도미닉.

들어왔다. 그 인연으로 그녀는 한동안 〈클럽하우스 신입생 환영회〉 진행을 도와주었다. 비슷한 방식으로 만난 많은 사람이 모여 현재의 〈클럽하우스 한국 커뮤니티〉 운영진이 결성되었다. 지금까지 매일 신입생 환영회를 열고 있고, 이제는 커뮤니티 포럼이나 모더레이팅 세션, 커뮤니티 라운지 운영 등으로 활동을 확장해나가고 있다. 이렇듯 클럽하우스는 행복한 우연의 연속이며, 나를 포함한 많은 사람이 클럽하우스를 떠났다가도 이내 되돌아오게 하는 이유가 되었다.

철학, 원칙, 규칙 - 커뮤니티 가이드라인의 최전선

클럽하우스의 철학

창업자인 폴 데이비슨은 한 인터뷰에서 "소셜 미디어를 만들면, 서비스의 방식에 대해서 다양한 의견을 가진 이용자들이 나타납니다. 하지만 결국 중요한 것은 올바른 철학을 세우고 그 방향으로 나아가는 것이라고 생각합니다"라고 말했다. 폴과 로한은 클럽하우스가 고속 성장하면서 엄청나게 많은 방이 만들어지더라도, 각각의 이용자가 방에 들어가서 사람들과 대화하며 느끼는 친밀감이 유지되도록 노력하고 있다고 말한다. 클럽하우스는 이러한 철학을 잘 유지하기 위해 커뮤니티 가이드라인(클럽하우스의 철학과 원칙, 사용 방법, 규칙 등이 담긴 이용 지침)을 앞세운다. 그리고 커뮤니티가 이를 잘 지켜주기를 지속적으로 부탁한다.

클럽하우스의 원칙과 규칙

이 커뮤니티 가이드라인은 클럽하우스 내 모든 방의 우측 상단에 항상 고정되어 있다. 마치 교실의 급훈 같은 모습인데, 클럽하우스가 다른 그 어느 서비스보다 커뮤니티를 중요하게 생각한다는 것을 보여주는 지점이다. 클럽하우스는 진정성 있는 모습으로 대화가 이어지는 것이 서비스 이용자의 경험에 얼마나 중요한지 본능적으로 깨닫고 있다. 그래서 클럽하우스는 원칙과 규칙을 통해 커뮤니티 지침을 만들고 이용자와 호흡하며 그것을 계속 수정한다. 여기서 클럽하우스의 기본적인 원칙과 몇 가지 규칙을 소개하고자 한다.

 ## 클럽하우스 다섯 가지 원칙

① 자기 자신으로 임하세요(Be yourself).

클럽하우스의 진정성은 여러분들로부터 시작됩니다.

② 존중하는 태도를 가지세요(Be respectful).

이것은 모든 사람에게, 항상 적용되어야 합니다.

③ 포용적 자세를 보이세요(Be inclusive).

다양한 사람과 관점을 고려하고, 환영하며, 인정해야 합니다.

④ 공감력과 이해심을 형성하세요(Build empathy and understanding).

선의를 바탕으로 토론에 참여하세요.

⑤ 의미 있고 진정성 있는 인연(관계)을 만들어가세요(Foster meaningful and genuine connections). 이것이 클럽하우스의 전부입니다.

 ## 클럽하우스 이용 규칙(일부 발췌)

① 서비스 이용 시 실명과 실제 신분을 사용해야 합니다.

② 클럽하우스를 이용하려면 만 18세 이상이어야 합니다.

③ 어떤 개인이나 집단도 학대 및 따돌림, 괴롭히기 등의 행위를 해서는 안 되며 당해서도 안 됩니다.

④ 어떤 개인이나 집단에게 차별·증오 행위를 하거나 폭력이나 해를 가해서는 안 됩니다.

⑤ 타인의 개인 정보를 사전 허가 없이 공유하거나 공유하겠다고 협박 또는 유인할 수 없습니다.

⑥ 다른 이용자의 경험에 부정적 영향을 미치는 고의적인 행동을 해서는 안 됩니다.

⑦ 클럽하우스에서 얻은 정보를 사전 허가 없이 기록, 녹음, 복제 및 공유할 수 없습니다.

⑧ 사용자는 지식재산권이나 기타 소유권을 침해하는 내용의 대화나 콘텐츠를 올릴 수 없습니다.

⑨ 허위 정보나 스팸을 유포하거나 인위적으로 정보를 증폭 또는 억제할 수 없습니다.

⑩ 미성년자를 포함해 개인이나 집단에 해를 끼칠 의도가 있거나 그럴 가능성이 있는 정보(또는 인위적으로 조작된 정보)를 공유하거나 홍보할 수 없습니다.

⑪ 불법적인 행위를 할 목적으로 서비스를 이용할 수 없습니다.

너무나 당연하게 느껴지는 원칙과 규칙이기에 커뮤니티 가이드라인만 읽었을 때는 별다른 감흥을 느끼기 어려울 수 있다. 그러나 여기서 흥미로운 점은 이용자들이 커뮤니티 가이드라인을 준수하기 위해서 많은 노력을 한다는 것이며, 각 국가별로 커뮤니티를 지키기 위한 다양한 노력이 자생적으로 나타난다는 점이다. 서비스 이용자가 서비스의 생산자를 위해서 일을 해주고 있는 셈인데, 비유하자면 식당 고객이 직접 다른 고객에게 식사 예절이나 에티켓을 지키자고 권유하고 있는 것이다. 클럽하우스가 커뮤니티 가이드라인을 강조하고, 이용자들이 클럽하우스를 대신해 커뮤니티 가이드라인 위반 사례를 신고하고 공론화하는 이유는 무엇일까?

　그 이유는 이용자가 클럽하우스를 하나의 큰 커뮤니티로서 자신의 공간처럼 느끼고 있기 때문이다. 클럽하우스는 매주 〈타운홀미팅 town hall meeting〉을 통해 질문을 받고 앞으로의 서비스 관련 일정 등을 공유하는데, 이는 클럽하우스 이용자에게 자신이 마을 주민이며 주권을 가지고 있다는 기분을 느끼게 해준다. 이러한 과정과 분위기를 통해 이용자는 자신이 소중하게 여기는 클럽하우스가 계속해서 안전하고 진정성 있는 공간으로 남기를 간절히 바라게 된다. 나 또한 여기서 얻은 소중한 인연과 경험을 다른 사람들도 갖게 되었으면 하는 바람이 있다. 그래서 〈클럽하우스 신입생 환영회〉라는 방을 만들어 한국 이용자들에게 한국어로 원칙과 규칙 등을 안내하고 있는 것이다. 이용자들이 커뮤니티를 지켜가게 하는 매력과 마법, 이것이 클럽하우스가 가진 큰 차별성 중 하나다.

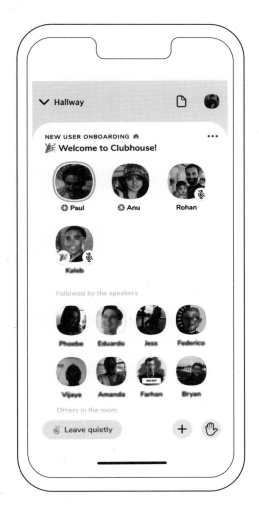

매주 진행하는 공식 〈뉴 유저
온보딩NEW USER ONBOARDING〉.
클럽하우스답게 직접 창업자
들이 매주 계속 실시간으로 진
행해준다.

잘 말하고 잘 듣는다는 것

모더레이터, 스피커, 리스너의 연결 고리

프롤로그에서도 언급했지만, 클럽하우스의 방은 두 개의 공간으로 구성되어 있다. 무대와 객석이다. 무대에 있는 사람들을 우리는 '스피커'라고 부른다. 스피커 중에 방을 만든 사람은 '모더레이터'가 되며, 모더레이터는 다른 스피커를 공동 모더레이터로 지정하여 방을 운영하는 권한을 위임할 수 있다. 모더레이터와 스피커는 말하거나 음소거인 상태로 있을 수 있다. 말하고 있으면 프로필 사진 주변에 회색 링이 깜빡거리고, 음소거인 상태로 있으면 프로필 우측 하단에 작은 음소거 아이콘이 표시된다. 객석은 무대 아래에 위치하게 되는데, 좀 더 작은 프로필 사진들이 나열되는 형태로 구성되어 있다. 객석에 있는 모든 이들을 우리는 액티브 리스너active listener(적극적 청자)라고 부

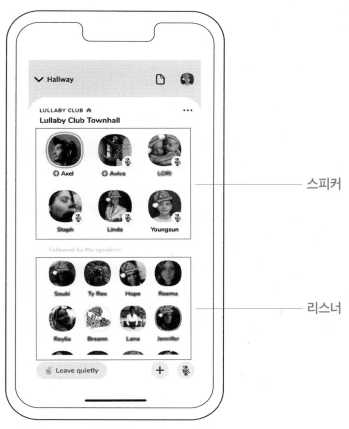

스피커

리스너

클럽하우스 방 내부의 스피커 섹션(상단)과 리스너 섹션(하단).

른다. 이렇게 부르는 이유는 언제든지 우측 하단에 있는 손바닥 버튼을 눌러서 모더레이터에게 자신이 발언하고 싶다는 것을 표현할 수 있기 때문이다.

클럽하우스에서의 경험은 모더레이터, 스피커, 리스너 간의 긴밀한 공조로 만들어진다. 방을 만들지 않았다면 방에 들어갔을 때 기본적으로 리스너로서 객석에 위치하게 된다. 제목을 보고 바로 들어가 하고 싶은 말이 있어도 처음에는 가급적 스피커들의 발언을 들으며 분위기를 파악하는 것이 좋다. 어느 정도 해당 방의 분위기와 대화 내용을 파악했다면 적절한 타이밍에 손을 들고 참여하면 된다(참여 여부는 완전히 자유다). 방에서 듣고만 있다고 해서 아무 역할도 하고 있지 않은 것은 아니다. 내가 어느 방에 들어간 순간, 내 친구들의 복도에 내가 입장한 방이 노출되기 시작한다. 결국 내 선택이 다른 이들의 클럽하우스 생활에 영향을 주는 것이다. 현재 방의 경험을 친구와 공유하고 싶다면 적극적으로 '핑ping'(친구를 해당 방으로 부르는 알림)을 통해서 사람들을 모을 수도 있다. 우리가 이들을 액티브 리스너라고 부르는 이유다. 실제로 나를 포함한 다수의 사람은 클럽하우스에서 대부분의 시간을 리스너로 보내게 된다. 원할 때 적극적으로 참여하고 필요할 때는 경청해주는 것, 이것이 리스너의 미덕이다.

스피커는 방의 주제에 색을 더해주는 존재이다. 방을 운영하는 주체는 아니지만 어떠한 스피커들이 와서 어떤 새로운 이야기를 해주느냐가 그 방의 재미를 결정한다. 강연 형태의 방일 때는 주로 주제에 관한 질문을 하거나 의견을 더하면서 스피커로 참여하게 되지만, 사교 대화방에서는 친구의 술자리에 초대받은 손님의 역할을 하면서 새로운 친구를 불러오기도 하고 대화를 이끌어가기도 한다. 방을 운영해야 할 부담은 없지만, 방의 운영자보다도 더 많이 발언하고 대화에 큰 기여를 할 수도 있다. 반대로 조용히 경청하며 호응에 집중하는 훌륭한 무대 위 리스너가 될 수도 있다. 스피커는 스스로 객석으로 내려가서 리스너가 될 수도 있고 경우에 따라서는 모더레이터로 지정될 수도 있기 때문에 가장 넓은 범위의 방식으로 활동이 가능한 존재라 볼 수 있다. 그렇기 때문에 클럽하우스 회사 내부적으로는 이용자가 얼마나 빨리 무대로 가서 스피커로서 말하는지를 자체 성과 지표 중 하나로 삼는다. 스피커가 많아질수록 클럽하우스의 방들이 전반적으로 활기를 띠기 때문이다.

모더레이터는 무엇을 하는가

클럽하우스에서 방을 만들면 만든 이는 자동적으로 모더레이터가 된다. 모더레이터는 스피커이면서 다른 이용자를 스피커로 추가하거나 제외할 권한을 가진 관리자다. 또한 중재자로서 이용자들에게 대화 주제를 안내하고, 대화 내용과 방식에 큰 영향을 미칠 수 있는 존재다. 모더레이터가 어떤 방식으로 방을 운영하느냐에 따라 그 방에서 얻는 경험은 정말 하늘과 땅 차이로 달라진다. 모더레이터는 주인이자 하인이며 관리자이자 봉사자다. 모더레이터가 수행할 수 있는 기능은 아래와 같다.

1. 스피커 중 일부를 추가 모더레이터로 지정.
2. 리스너를 스피커로 초청.
3. 모더레이터 또는 스피커를 객석으로 이동.
4. 특정 인원을 방에서 추방.
5. 방 종료.

이외의 모든 부분은 스피커와 동일하다. 그렇다면 모더레이터는 위의 기능으로 주로 어떤 역할을 할까? 모더레이터는 방이 그 목적에 맞게 운영될 수 있도록 하는 진행자의 역할을 담당한다. 방의 성격에 따라서는 누구를 초대해 발언케 할 것인지를 신중하게 고려하고 관점의 다양성을 지키도록 노력하는 것이 요구된다. 강연 형태로 소수의 연사를 스피커로 초대해 운영하거나 다수의 스피커를 초대해 광장처럼 운영하는 등 방의 성격을 자신만의 스타일로 결정하는 것도 모더레이터다. 이 부분은 정답이 있는 것은 아니기 때문에 방을 운영해보면서 자신의 스타일에 맞는 형태의 방으로 만들어가면 된다.

또한 모더레이터는 대화를 적극적으로 관리하여 청중의 경험을 만드는 사람이기도 하다. 클럽하우스에는 끝없이 말을 이어가는 '투 머치 토커too much talker'부터 한마디 말을 하는 것조차 부끄럽고 조심스러워하는 내성적인 사람까지 정말 다양한 유형의 스피커들이 존재한다. 훌륭한 모더레이터들은 이들과의 대화를 조화롭게 이끌어 간다. 리스너들이 무대를 더 풍성하게 즐길 수 있도록 생각할 거리가 담긴 질문을 던지거나, 토론에 직접 참여하거나, 실시간으로 스피커의 의견을 진행에 반영할 수도 있다. 고려해야 할 것이 한두 가지가 아니기에, 모더레이터를 클럽하우스에서 가장 어려운 역할로 꼽게 된다. 모더레이터마다 스타일과 개성이 다채롭기 때문에 다른 미디어의 크리에이터creator와 비교되기도 한다. 이렇게 다양한 매력이 있는 모더레이터와 그들의 노력을 통해서 클럽하우스의 방들은 생명을 얻고 활기를 띄게 된다.

좋은 스피커와 좋은 리스너의 조건

클럽하우스 서비스의 특성상 스피커나 리스너가 참고하면 좋을 만한 몇 가지 '꿀팁'이 있다. 먼저 스피커에 대해 이야기해보자. 스피커로 초대되었을 때 가장 먼저 생각해야 할 것은 몇 명의 스피커가 현재 무대에 올라와 있는지다. 무대는 나만의 것이 아니라 함께 공유하는 공동의 공간이다. 무대를 다른 이들과 나누는 법을 배워야 좋은 스피커가 될 수 있다. 우선 내가 말하지 않을 때는 음소거 버튼을 눌러 배경 소음을 최소화하는 것이 바람직하다. 분위기에 따라서는 음소거를 해제하고 소리 내어 호응할 수도 있고, 배경음(새소리나 바람 소리, 음악 등)을 들려주는 것도 좋지만 일반적으로는 음소거를 하는 것이 기본이다. 그리고 말할 때에는 발언 지분에 신경을 써야 한다. 무대에 올라가서 즐기다 보면 내 이야기에 몰입해 발언 시간이 점점 길어지는 경우가 발생한다. 다른 사람들에게도 기회가 주어져야 한다는 점을 항상 상기하며 나의 분량을 조절하는 것이 좋다. 그리고 스피커는 모더레이터가 아니기 때문에 언제든지 자연스럽게 객석으로 내려갈 수도 있고, 조용히 나가서 다른 방에 참여할 수도 있다. 다른 스피커가 나갈 때도 그것을 이상하게 생각하지 말고 자연스럽게 여기는 것이 중요하다(괜히 나가기 버튼의 이름이 'Leave quietly'가 아니다).

리스너는 긴장을 풀고 대화를 즐기는 게 가장 먼저다. 반드시 손을 들고 말을 해야 한다는 압박에서 벗어나자. 혹 스피커로 초대 받았다고 하더라도 수락할 의무는 전혀 없으므로 원치 않는다면 편하게 거절을 누르도록 하자. 반대로 내가 할 말이 있다면 적극적으로 손을 들어 모더레이터에게 의중을 전하는 것이 좋다. 상황에 따라서 모더레이터가 받아주지 못할 수도 있으므로 이것을 불쾌해하거나 속상해하지 않는 것이 중요하다. 리스너가 스피커 초대를 거절할 수 있듯이 모더레이터 또한 손 든 리스너의 요청을 거절할 권리가 있다. 리스너의 특권은 여유를 가지고 대화를 들으며 참여한 사람들의 프로필을 눌러볼 수 있다는 점이다. 이 과정이 네트워크가 확장되는 첫 번째 단계이고, 나와 관심사가 비슷한 사람을 팔로우할 가장 좋은 기회이다. 방에서 들으면서도 언제든지 복도로 가서 다른 방을 탐색해도 좋다. 설거지하며 대화를 들어도 괜찮다. 음성이 주는 혜택을 최대한 이용해보자. 마지막으로 나가는 것을 두려워하지 말자. 클럽하우스에서는 이리저리 돌아다니며 나가고 들어가는 것이 오히려 자연스러운 행동이다. 방을 떠나더라도 다른 사람에게 알림이 가지 않는다. 이 책도 언제든지 자유로이 덮었다 펼쳐도 좋다. 이 책은 언제나 지금 모습 그대로 당신을 기다릴 것이다. 하지만 클럽하우스에서의 대화는 나갔다가 다시 들어왔을 때 사라졌거나 종료됐을 수도 있다는 점은 잊지 말자.

클럽하우스의 현재와 미래

오디오 기반 소셜 네트워킹 서비스로서의 포지셔닝

핵심 기능에만 집중, 나머지는 아웃소싱

클럽하우스가 실리콘밸리의 성공 방정식 중 하나는 정말 확실하게 따르고 있는 것 같다. 그것은 '핵심 기능에 집중하라'는 것이다. 클럽하우스에 의하면 그들이 가장 중요하게 여기는 요소는 다음과 같다 (2021년 3월 기준).

1. **방 안에서의 경험**(room experience).

2. **검색과 발견**(search & discovery).

3. **신뢰와 안전을 보장하는 구조**(trust & safety, infrastructure).

4. **성장과 확장**(growth & expansion).

    클럽하우스 서비스의 모든 업데이트나 개선 방향을 보면 위의 네 가지에 집중되어 있음을 알 수 있다. 또한 그 외의 나머지 부분은 과감하게 포기하는 것도 확인할 수 있다. 예를 들어 클럽하우스에서 사진을 공유하는 방법이라든지, 추가로 텍스트 기반 연락을 보낼 수 있는 메시지 기능, 클럽하우스 안의 강연 등을 녹음하거나 동시 송출할 수 있는 기능들에 대한 요구는 계속 있었지만 아직 개발되지는 않았다. 이는 클럽하우스의 서비스 방향성과 우선순위가 명확하다는 것을 의미한다. 실제로 대화 후에 많은 교류가 인스타그램이나 트위터 메시지로 이루어지고 있기 때문에, 클럽하우스를 하면서 오히려 트위터나 인스타그램 계정을 만들었다는 이용자도 생겼다.

    또한 클럽하우스에서는 프로필 사진만으로 시각적 소통을 할 수 있다는 것을 포착해 프로필 사진을 클럽하우스에 최적화해서 편집해주는 다양한 사이트도 생겼다. 이처럼 클럽하우스는 서비스를 운영하는 과정에서 놓치는 기회들이 있어도 오디오 기반 소셜 미디어라는 명확한 정체성을 유지하고 싶어 하는 것 같다. 그리고 이러한 철학은 당분간 바뀔 것 같지 않아 보인다.

클럽하우스의 경쟁자는 누구인가

처음 클럽하우스가 나왔을 때, 많은 이들이 다른 소셜 미디어가 클럽하우스로 인해 큰 타격을 입을 것이라고 예측했다. 아직은 판단하기엔 이를지 모르지만 적어도 지금까지는 전혀 다른 양상을 목격하고 있다. 주변 사람들 모두 아이폰 이용 시간에서 클럽하우스의 비중이 크게 늘어나면서 인스타그램이나 트위터가 가장 큰 영향을 받을 것이라고 예상했다. 하지만 실제로 아이폰 내에서 이용 시간 분석 페이지를 열어봤을 때 우리 모두 놀라움을 금치 못했다. 많은 이용자에게 있어 클럽하우스가 가장 많이 잠식했던 서비스는 인스타그램이나 트위터가 아니고, 오히려 유튜브나 넷플릭스였다.

인스타그램이나 트위터의 경우, 클럽하우스의 휘발성과 실시간성을 보완하는 서비스로 연동됐기 때문에 서비스 시간이 오히려 크게 줄지 않았다. 흥미로운 것은 지금도 많은 클럽하우스 방들이 인스타그램을 활용하고 있다는 점이다. 예를 들어 소개팅 방은 서로 맘에 드는지 확인한 후에 인스타그램 DM을 통해서 연락하라고 지침을 내려준다. 한국에서 유행하고 있는 다양한 게임 방도 대부분 인스타그램 DM이나 오픈 카톡을 활용해서 운영되고 있다(마피아 게임을 하려면 누가 마피아인지 지정해줘야 할 테니까 말이다). 어떤 면에서 이용자들은 클럽하우스를 하나의 '메타버스metaverse'(가공, 추상을 의미하는 '메타meta'와 현실 세계를 의미하는 '유니버스universe'의 합성어로, 삼차원 가상 세계를 의미한다)로 인식하고 소비하는 것일지도 모른다. 그렇다면 클럽하우스의 진정한 경쟁자는 기존의 소셜 미디어가 아니라, 이용자들의 여가 시간을 놓고 경쟁하는 온·오프라인 콘텐츠 또는 활동이 될 수 있다. 클럽하우스가 코로나19 시기에 콘퍼런스와 여행의 대체재로 떠올랐다는 사실을 보면 이 분석이 놀랍지 않다. 하지만 클럽하우스에게는 앞으로 또 다른 큰 경쟁이 기다리고 있다.

클럽하우스는 최후의 승자가 될 수 있을까

지금까지 클럽하우스는 다른 형태의 콘텐츠 및 서비스와 경쟁하며 이용자의 체류 시간과 휴대폰 이용 시간 점유율을 늘려왔다. 하지만 음성 기반 소셜 미디어인 클럽하우스의 성공을 보고 트위터, 페이스북과 같은 큰 회사들도 빠르게 움직이기 시작했다. 이대로라면 머지않아 음성 기반 소셜 미디어의 춘추전국시대가 도래할 것이 분명하다. 그래서인지 클럽하우스와 관련해 가장 많이 받았던 질문은 "트위터나 페이스북이 같은 서비스를 만들어내면 클럽하우스는 생존할 수 있을까?"였다. 적어도 지금 나의 대답은 "그렇다"이다. 물론 몇 가지 전제 조건이 있다.

여러 번 이야기했듯이, 클럽하우스에서 가장 특별한 것은 창립 철학에도 녹아 있는 '확장된 친밀함'이다. 기존의 그 어느 서비스에서도 느낄 수 없었던 이 진정성과 친밀함은 나로 하여금 짧은 시간 안에 그 어느 때보다 많은 진정성 있는 인연을 쌓게 해주었다. 이것은 분명 후발 주자들이 쉽게 따라 할 수 없는 지점이라고 생각한다. 다만 클럽하우스에도 약점이 있는데, 바로 서비스 개발 속도와 안드로이드 접근성이다. 그리고 경쟁사들은 누구보다 그것을 잘 알고 있다. 개발 조직이 훨씬 큰 트위터는 이미 〈트위터 스페이스Twitter Spaces〉라는 서비스를 출시했다. 트위터 스페이스는 아이폰 사용자만 이용할 수 있는 클럽하우스와는 달리 안드로이드 기반 스마트폰 사용자도 이용이 가능하다. 따라서 많은 안드로이드 사용자에게 트위터 스페이스가 그들의 클럽하우스로 자리 잡을지도 모른다(다행히도 2021년 4월 현재 클럽하우스의 안드로이드 버전이 거의 완성되어 있다고 하며, 한두 달 이내 안드로이드 앱스토어에 런칭될 것으로 예상되고 있다. 유료화 모델에 대한 실험도 빠르게 진행되고 있으며, 미국 시간 기준 2021년 4월 5일에 진행된 앱 업데이트에서 첫 번째 유료화 기능인 'Send Money'(송금)가 적용되었다. 특정 사용자에게 일정 금액을 기부할 수 있는 기능이다).

지금까지 클럽하우스가 보여준 모습은 세계를 놀라게 하기에 충분했다. 클럽하우스의 가장 큰 강점은 이용자가 사랑하고 직접 만들어가는 서비스가 되었다는 사실이다. 만약에 클럽하우스가 초창기 철학을 잊지 않고 계속해서 전진한다면 소셜 미디어의 역사를 바꾼 최초의 음성 기반 소셜 네트워킹 서비스로 기억될 것이다. 나는 〈클럽하우스 신입생 환영회〉에서 안드로이드 사용자를 포함한 더 많은 신입생을 환영할 날을 기다리며 클럽하우스의 성장을 지켜볼 예정이다.

2

사람들은
왜 클럽하우스에
빠져드는가

김정원

인문예술 커뮤니티 〈언어의 정원〉 운영자, 기업의 북큐레이터, 프리랜서 방송인 등으로 활동하는
엔잡러.

소통의 리셋, 클럽하우스

클럽하우스의 상륙과
빅뱅 같은 나날

클럽하우스, 새로운 세상이 열리다

태초에 하나님이 천지를 창조하시니, 첫째 날에는 빛이 있었고, 둘째
날에는 궁창_{穹蒼}이, 셋째 날에는 바다와 땅과 식물이 생기더라······.
클럽하우스가 한국에 상륙하니, 첫째 날에는 IT 업계가 들썩이고,
둘째 날에는 노래방이 생기고, 셋째 날에는 주식 장이 열리더라······.

바야흐로 2021년 1월 31일, 슬로 어댑터인 내가 어쩌다가 얼리 어
답터들의 대열에 끼어서 클럽하우스에 입성한 날이다. 본래 신新문물

과는 굉장히 거리가 먼 사람이다. 일례로, 친구들과 술자리 후 계산대 앞에서 늘 내 카드를 먼저 내밀고는 한다. 부자라서 선뜻 계산하는 것이라면 좋겠지만, 실상은 사람들이 더치페이를 할 때 흔히 사용하는 토스나 인터넷뱅킹, 카카오페이 등의 사용법을 모르기 때문이다(그 간단한 사용법도 알아볼 필요성을 못 느끼는 사람이다). 내가 마신 술값을 나누어 내려고 현금인출기를 찾아가는 번거로움을 피하고 싶어서 계산대 앞으로 달려가는 사람일 뿐이다. 이런 성향 덕분에 늘 원시인, 나무늘보 같다고 놀림을 받거나 행동이 굼뜨다고 핀잔을 듣는다. 그런데도 신문물을 받아들이는 것이, 내 삶의 큰 맥을 바꾸는 데 아무런 영향을 끼치지 못한다는 생각이 들어서 곧 죽어도 새로운 것을 배우려 하지 않았다. 이런 내가 어쩌다가 클럽하우스 초기 이용자가 되어 시작한 지 40여 일 만에 4만5천 명의 관심 리스트에 등록될 수 있었던 것일까.

기본적으로 기술 발달이 가져다주는 일상의 작은 변화나 편리함 같은 것은 너무 빠르게 바뀌는 경우가 많아서, 그 편리함을 다 좇아가는 게 오히려 불편하다는 것이 슬로 어답터인 나의 생각이다. 그러나 기술의 변화가, 삶의 지각을 완전히 변화시키는 대지진이라는 생각이 들면 이야기는 달라진다. 지난 10년간 프리랜서로 살아오면서 좋아하는 일을 업으로 삼으려면 대중과의 소통 능력이 중요함을 절실히 깨닫고 있었다. 그래서 페이스북과 인스타그램, 유튜브의 출현에 느리게 대응한 것을 스스로 아쉽게 여기던 차였다.

2021년 1월 29일, 유료 독서 모임 커뮤니티를 4년째 운영하는 나에게 IT 업계 얼리 어답터 지인의 연락이 왔다. "정원 님께 꼭 필요한 새로운 소셜 미디어가 등장했어요! 그런데 이게 초대장 기반이고, 초대장이 세 장으로 한정되어 있어요. 정원 님도 할 생각 있으시면 보내드릴게요!" 나는 초대장을 받고서 '곧 가입해야지' 하는 여유로운 생각을 하며 일상을 보내고 있었는데, 하룻밤이 지나자 초대장을 보내준 지인에게 다시 연락이 왔다. "하루빨리 가입해야 좋을 텐데요, 정원 님!" '아니, 무슨 소셜 미디어 서비스이기에 이렇게 재촉하는 거지? 보기보다 성격이 급한 분이시네'라고 생각하며 그날 저녁 약속 자리로 향했다. 그런데 웬걸, 투자업계에 종사하는 또 다른 얼리 어답터 지인이 약속 장소에 클럽하우스 앱을 켜고 말을 하며 걸어 들어오고 있었다. '기술과 자본 양쪽의 관심을 받는 소셜 미디어구나.' 나는 심상치 않음을 느끼며 1월 31일 저녁에 클럽하우스에 입성했다. 사실 클럽하우스에 가입 후, 초기에는 주제가 다양하지 않았다. 이 신기한 앱이 무엇인지, 이 앱이 사회·경제적으로 어떤 변화를 불러올 것인지에 대해 토론하거나 IT 업계의 동향 같은 것을 주고받는 대화가 대부분이었다. 그리고 워낙 얼리 어답터들이 많다 보니, 슬로 어답터인 나로서는 자기소개에 부담이 가는 방들이 많았던 것 같다. 흡사 창세기를 보는 기분이었다.

나의 페르소나를
모두 충족시키는 클럽하우스

다양한 경험을 욕망하다

독서토론을 하고 싶고, 성대모사를 하고 싶고, 썸 타고 싶고, 나른하고 싶은 나. 시대의 흐름에 마음의 흐름을 맞춰서 살다 보니 어느새 나를 하나로 정의할 수 없는 사람이 되었다. 그런 나를 분류와 체계화를 좋아하는 이 세상이 '엔잡러'라고 정의해주었다. 여러 개의 직업을 가진 만큼 각각의 직업에 따른 자아가 있고, 이 자아들을 살피는 데도 관심이 많다. 먼저 일부터 정의해보자면 〈언어의 정원〉이라는 인문예술 독서 모임 커뮤니티를 운영하는 자영업자이자, 기업의 북큐레이터이며, 7년간 아나운서와 기상 캐스터 생활을 한 경력으로 종종 방송에 출연하고, 최근에는 대기업과 계약해 라이브 커머스를 진행 중이다. 최근 활동하고 있는 내면 자아를 소개하자면, 작년 연말 남자친구와의 이별로 후유증을 가지고 있는 상태이고, 친구들을 만나러 가는 건 귀찮아하는 편이다. 혼자는 외롭고, 어릴 때처럼 게임을 하며 놀고 싶은 자아도 있지만, 대학교를 졸업하며 영영 다시 꺼낼 수가 없었다(꺼낼 수 있는 자리가 없었다).

이렇게 내가 가지고 있는 직업 정체성만 해도 네 가지나 되고, 심리적인 영역으로 들어간다면 더욱 세분화된다. 클럽하우스 이전의 삶에서는 다양한 자아의 욕구를 모두 채울 수는 없었고, 우선순위에 놓인 서너 개의 자아들만이 욕구 충족을 맛볼 수 있었다. 그런데 클럽하우스에 들어오자 24시간 중 내가 원하는 시간마다 다른 자아를 꺼내가며 앞서 말한 모든 자아를 발현할 수 있었다.

코로나로 차단된 외부 취미 활동 재개

클럽하우스를 만나면서 가장 먼저 해소된 자아의 욕구는 코로나로 차단된 취미생활과 새로운 인연과의 만남이다. 독서 모임 커뮤니티를 운영하기 전에도 최소 일주일에 한 번, 많으면 두 번 정도 사람들과 만나 관심 있는 주제의 책을 읽고 이야기를 나누었다. 하지만 모두가 알다시피 코로나19 사태 이후로는 사적 모임 자체를 가질 수 없게 되었다. 그런데 클럽하우스에는 각계각층의 사람들이 접속해 있었고, 이야기하고 싶은 책을 주제로 방을 열면 책에 관심 있는 사람들은 물론 해당 분야의 전문 지식을 가진 사람들까지 실시간으로 마이크를 잡고 올라오는 게 아닌가. 현재는 수요일, 목요일, 금요일, 일요일 저녁마다 취미이자 업으로 삼던 인문예술 관련 모임을 열고 있다. 사실 이곳에 모이는 패널들이 다양한 분야의 사람들인 데다가 오디오 전달 속도가 현실과 거의 차이가 없다 보니, 그동안 '줌Zoom'으로 해왔던 온라인 모임의 아쉬움(한정된 대화 인원, 오디오 전달 속도 차이의 아쉬움, 화상 피로도, 약속을 미리 잡고 입장하는 부담감)이 크게 해소되었다.

업계 사람들이여, 모두 모여라

앞서 말했듯이 나는 엔잡러다. 직업 중 하나가 '라이브 커머스 쇼호스트'인데, 《트렌드 코리아 2021》에서 주목한 라이브 커머스 시장은 단순 물품 판매를 넘어 각종 인적 서비스, 교육 분야로까지 확장됐다. 본격적으로 확장되는 시장이라서 그런지 업계 수요는 폭발적으로 증가하고 있지만, 관련 정보는 매우 적은 편이다. 업계 종사자가 시간당 얼마를 받아야 하는지, 회사와의 계약 조건이 유리한지, 프리랜서로 일하면 어떤지 물어볼 곳도 자료도 마땅치가 않다.

그러다 한 기업과 라이브 커머스 관련 계약을 하고 집에 돌아와 클럽하우스에 들어갔는데, 마침 라이브 커머스를 주제로 한 방이 열려 있었다. 경영자부터 유통자, 피디와 쇼호스트까지 모두 입장해 생각을 주고받고 있었다. 그날 나는 생각보다 많은 커미션을 받게 되어 신나서 입장했는데, 이야기를 듣고 보니 업계 평균보다 무려 2퍼센트나 적은 금액으로 계약한 것이었다. 그날 밤 계약서를 품에 안고 웃음으로 눈물을 닦으며 잠들었지만, 한편으로 불리한 계약 조건이었음을 알게 해준 클럽하우스의 유용성에 감사해한 밤이었다.

같은 업계에 종사하더라도 경영자, 중간 관리자, 신입 직원, 파트너사 등 각자의 포지션에 따라 업을 바라보는 관점이 다 다르다. 특히 내가 새로 진입하거나 업계를 포괄적으로 이해하기 위해서는 단순히 책을 찾아보거나 구글링googling만으로는 알 수 없는 '살아 있는 이야기'가 절실히 필요하다. 과거 우리는 업계 종사자를 수소문해 밥을 사거나 차를 마시는 등 살아 있는 이야기를 듣고자 노력해야 했다. 그런데 클럽하우스에는 각종 업계의 전문 방이 열려 있었고, 수많은 기업 사람이 모여 어제와 오늘, 미래에 대해 떠들고 있었다.

농사짓기 관련 책을 읽으며 씨를 뿌리고 수확하는 과정을 탄탄히 학습하는 것도 중요하다. 하지만 좋은 씨를 어느 유통업자에게 받으면 좋을지, 일에 대한 그 유통업자의 태도가 어떤지, 동네 장터에 언제 가면 고객들이 많은지 등, 책에는 이러한 살아 있는 이야기가 잘 나오지 않는다. 살아 있는 이야기는 사람을 만나 진솔한 대화를 나누어야만 잘 알 수 있는 부분이다. 클럽하우스에서는 그것이 가능하다.

혼자가 좋지만 외롭고 싶지도 않아

나는 평소 '따로 또 같이'와 같은 형태의 만남을 굉장히 좋아한다. 혼자 방에서 공부하는 것보다는 커피숍의 백색소음을 들으면서 작업하는 것을 좋아하고, 편안한 친구들끼리 만나서 각자 할 일을 하는 순간을 좋아한다. 그러나 이마저도 코로나로 여의치 않을 때가 많다. 클럽하우스에서는 '따로 또 같이 족'을 위해 개설되는 수많은 작업방(함께 모여 각자의 타자 소리를 들으면서 작업하는 방이나 음악을 스트리밍 해주는 방)이 있다. 나는 이곳에서 사람들과 함께 옹기종기 모여 온종일 집에서 '혼자' 작업한다. 개인적으로는 스타벅스 로고를 프로필 사진으로 한 사람이 개설하는 〈스타벅스 매장 음악방〉을 좋아한다.

다양한 심리적 갈증의 해소

클럽하우스 입장 당시, 1년간 사귀던 남자친구와 헤어지고 나서 대체 사랑이란 것이 무엇일까 하는 의문과 허전함으로 가득한 상태였다. IT와 스타트업, 투자 업계 사람들만 가득했던 한국 클럽하우스 초기에 나는 혼자 '사랑'을 주제로 방을 열었다(정확히는 스피커로 참여해 자기소개를 하다가 모더레이터가 진행을 맡겨 무작정 사랑 이야기를 꺼냈었다). 그렇게 여러 분야에서 다양한 성향을 지닌 200여 명의 사람들이 모여들었다. 우리는 각자의 사랑 방식, 일과 사랑의 관계, 연인과 부모의 관계, 결혼 이야기 등에 대해 6시간 동안 가감 없이 떠들었고, 날이 밝은 뒤에야 잠들 수 있었다. 모두 실물 사진을 걸고 실명을 쓰고 있었지만, 대부분 서로 사회적으로 거리가 있는 사람들이었다. 그 때문에 오히려 가까운 사람들 간에도 말하기 어려운 심정을 표현할 수 있었다. 나는 사람들의 이야기를 생생하게 전해 들으며 그때까지 경험한 나의 연애 표본을 하룻밤 사이 40여 개로 확장할 수 있었다. 그 이후에도 죽음, 트라우마, 불안 같은 주제로 방을 열며 마치 그룹 심리 상담을 받는 듯한 경험을 누릴 수 있었다.

뇌과학자가 바라본
클럽하우스 현상

정재승 카이스트 바이오및뇌공학과 교수는 2021년 2월부터 클럽하
우스에서 여러 이슈를 두고 다양한 이용자들과 함께 소통하고 있다.
클럽하우스는 정재승 교수가 펴냈던 책들을 좋아하는 독자는 물론,
언론을 포함한 각종 매체로 전달된 그의 강연과 활동에 관심을 가졌
던 사람들에게 그와 직접 대화를 나눌 수 있는 통로가 되고 있다. 기
존 소셜 미디어 채널인 트위터와 페이스북 등에서도 이용자들과 활
발한 소통을 해왔던 정재승 교수에게 새로운 채널인 클럽하우스는
어떤 의미로 다가왔을까?
인간의 '뇌'를 연구하는 과학자의 눈으로 봤을 때, 클럽하우스와 그

이용자에게서 나타나는 특이점은 무엇일까? 클럽하우스의 특성 중에서 무엇이 정재승 교수를 사로잡았을까? 이번 인터뷰를 통해 정재승 교수가 생각하는 클럽하우스의 매력과 사회적 기능은 무엇인지 알아보고자 한다.

🎤 2021년 2월 초부터 클럽하우스에서 박사님을 뵐 수 있었습니다. 한국 내 다른 이용자들에 비하면 상당히 빠르게 활동을 시작하셨는데요. 어떻게 클럽하우스에 가입하게 되셨나요?

✋ 저는 소셜 미디어가 인간의 사회적 속성을 잘 드러낸다고 생각합니다. 그 안에서의 이용자 행동 패턴은 인간의 내밀한 특징들을 노골적으로 표현하지요. 그래서 소셜 미디어 플랫폼이 생기면 제일 먼저 호기심을 갖고 참여하고 있습니다. 2010년 무렵에 트위터와 페이스북, 인스타그램 등이 처음 등장했을 때, 초기 이용자들과 다양한 실험을 하며 즐겁게 놀았던 경험도 가지고 있지요.

🎤 박사님께서 클럽하우스 이용하시면서 가장 처음 방문했던 '방'을 기억하시는지요? 그곳에서 어떤 사람들을 만나셨는지 궁금합니다.

✋ 한국에서 개설된 클럽하우스 초기 이용자들은 미국 실리콘밸리의 다국적 기업에서 일하는 한국인들, 우리나라 테크tech 기업의 직원들, 스타트업의 개발자 및 마케터였습니다. 그래서인지 창업의 어려움이나 테크놀

로지의 흐름, 세계 경제와 비즈니스의 미래 등의 논의가 활발했습니다. 반면, 미국에서 개설된 클럽들에서는 사회적 이슈를 다루는 곳들이 많다는 것이 놀라웠습니다. 미국에서 '흑인의 목숨도 소중하다'(Black lives matter)는 흑인 민권운동이 활발할 무렵, 힙합 뮤지션들이 대거 클럽하우스에 들어와 사회적 이슈를 토론하고 음악으로 서로를 위로하기 시작했습니다. 10명이 넘는 음악인들이 아카펠라로 즉흥 공연을 하기도 했는데, 이것을 클럽에서 처음 들었을 때 큰 충격을 받았습니다. 클럽하우스만이 제공할 수 있는 감동이었습니다. 그래서인지 요즘도 음악을 연주하거나 즉흥 공연을 하는 클럽을 좋아합니다.

지금은 잠시 잠잠해진 듯 보이지만, 설 연휴 전후로 클럽하우스의 열기가 정말 뜨거웠습니다('현생'을 잃은 이들이 속출했지요). 뇌과학자의 관점에서 봤을 때 사람들이 이렇게 클럽하우스에 열광했던 이유가 뭐라고 생각하시나요?

우선 코로나19 이후 사회적 만남과 소통이 현저히 줄어든 상황에서 사회적 욕구와 갈증에 목말라 있던 사람에게 '집합' 또는 '공동체'(community)의 경험을 제공해주었기 때문이라고 봅니다. 페이스북과 인스타그램, 트위터, 유튜브, 틱톡 등이 모두 소셜 미디어라고 불리지만, 속성상 개인 미디어(personal media)에 좀 더 가깝습니다. 자신의 일상이나 생각을 글과 사진, 동영상의 형태로 올리는 기능이 압도적이고, 대화와 소통은 댓글과 공유, 일방향–方向 라이브 방송 정도입니다. 다시 말해 공동체를 형성하고, 함께 모여 협력적 활동을 하고, 훨씬 직접적으로 사회적 욕구를 해소하는 기능이 현저히 적다고 볼 수 있습니다. 페이스북도 이에 대한 문제점을 발견하고 '페이지page'를 중심으로 공동체 활동을 북돋으려 했지만, 글과 이미지로 소통하는 공간이라는 한계 때문에 제대로 활성화되지는 못했습니다.

클럽하우스에서 제가 발견한 것은 말로 대화를 나누는 것, 즉 오디오 소통이 주는 압도적인 장점들이었습니다. 훨씬 많은 대화를 빠르게 나눌 수 있다는 것(댓글 창 대화로는 불가능한 수준의!), 흘러가고 사라지고 기록되지 않기 때문에 일상의 소통과 닮았다는 것, 그래서 준비되지 않은 콘텐츠라도 편안하게 소통 가능하다는 것, 시각 정보처럼 우리의 주의를 지배하지 않고 대뇌의 인지적 부담이 훨씬 적은 청각 정보처리에 기반하기 때문에 다른 일을 하면서도 (마치 라디오처럼) 들을 수 있다는 것, 사회적 욕구에 대한 만족감은 시각보다 더 크다는 것(셀럽celeb이 댓글 창에 답글을 달아줄 때보다 셀럽과 나눈 대화가 주는 소통의 즐거움이 더 크다!), 만나지 않아도 수다를 떨 수 있어서 수다 욕구를 해소시켜준다는 것, 학회나 대규모 행사처럼 공들여 기획하고 준비하지 않아도 마크 저커버그나 일론 머스크 같은 셀럽들의 생각을 들을 수 있다는 것(셀럽들도 부담 없이 참가할 수 있다는 것!) 등이었습니다. 네이버 오디오클립이나 팟캐스트 플랫폼 등은 여전히 일방향적인 '라디오의 변형'을 넘어서지 못했고, 스푼라디오Spoon Radio도 오디오가 갖는 다양한 장점을 제대로 활용하지 못했다는 점에서, 오디오를 제대로 부각하고 활용한 소셜 미디어 플랫폼이 처음으로 나왔다는 것이 놀라웠습니다. 저 역시 '오디오의 장점'을 클럽하우스에서 비로소 발견했다고 생각합니다.

🎤 클럽하우스에서 활동하는 사람들을 보면서 발견하신 흥미로운 점들이 있다면 소개해주세요.

서너 시간이 지났는데도 방이나 클럽을 마무리하지 못하고 밤새 방에서 노닥거리는 모습을 많이 보았습니다. 그만큼 클럽하우스 폐인이 속출했다고 볼 수 있겠죠. 마치 친구 집에 놀러 가서 이야기를 하다 보니 집에 갈 시간인데도 일어서지 못하고 대화를 이어가다가 결국 밤을 새는 것처럼. 그만큼 클럽하우스의 '사회성'은 다른 소셜 미디어에 비해 압도적입니다. 내가 팔로우하는 사람이 들어가는 방에 나도 들어가보고 싶어 해서, 팔로어가 많은 사람이 돌아다니면 그때마다 방에 참가자가 몰려드는 현상도 흥미로웠습니다. 우리는 우리가 좋아하는 사람이 뭘 좋아하는지에 대해 관심이 많아요.

클럽하우스는 '리더십의 플랫폼'이라고 생각합니다. 새로운 것을 자발적으로 기획하고 적극적으로 참여하고 많은 사람 앞에서 '말'로 주도할 수 있는 리더십을 갖춘 사람들이 두각을 나타낼 수 있습니다. 모더레이터가 어떤 리더십으로 운영하는가에 따라 클럽과 방의 성격과 분위기가 달라집니다. '페친'이나 '인친'이 평소에 페이스북이나 인스타그램에서 보여주지 않았던 모습을 클럽하우스에서 발견할 때가 즐거운 시간이었습니다.

🎤 클럽하우스에서 활동하시면서 마주쳤던 사람들 중에 인상 깊은 사람들이 있다면 소개해주세요.

✋ 스탠드업 코미디언인 유병재 씨가 만든 방들이 인상적이었습니다. 〈읽지 않은 책에 대해 독후감을 나누는 방〉, 〈당연한 얘기만 하는 방〉과 같이, 독특한 콘셉트를 부여한 방을 열어 모든 참가자가 하나의 암묵적 룰에 따라 대화를 나누는 즐거움을 유도하더군요. 그렇게 만든 방들은 오디오 대화방이 얼마나 유쾌할 수 있는가를 보여주었습니다. 페이스북이나 인스

타그램에서는 해볼 수 없는 시도라는 점에서, 클럽하우스의 오디오적 속성을 본능적으로 파악하고 있다는 점이 참으로 놀라웠습니다.

박사님께서는 과거 〈알쓸신잡〉(알아두면 쓸데없는 신비한 잡학사전)이라는 프로그램에서 수평적 언어의 중요성을 강조하셨습니다. 클럽하우스의 트렌드 중 하나인 '반모'(반말 모임)에 대해서 어떻게 생각하시나요? 반말(또는 수평어)이 의사소통에 영향을 끼친다고 보시나요?

언어는 관계를 규정합니다. 클럽하우스 내에서 〈예의 있는 반말 방〉은 인기 있는 방이었고, 저도 종종 즐겁게 참여했습니다. 젊은이들이 교수에게 반말을 하는 쾌감을 느끼는 것 같아서 저도 기꺼이 동참했고, 시간이 지나면서 뇌과학자에게 이것저것 편하게 물어보기는 데도 반말이 유익했습니다.

결과적으로 이런 방들이 늘어나야 한다고 봅니다. 클럽하우스의 문제 중 하나는 참여하는 사람들 사이에 보이지 않는 '위계 구조'(hierarchical structure)가 존재한다는 것입니다. 이미 들어온 사람들은 안드로이드폰이 아니라 아이폰을 쓰는 사람, 소수의 사람들로부터 '초대' 받은 '인싸'라는 인상을 주었습니다. 그리고 이 안에서도 유명한 정도, 사회적 지위, 리더십의 크기, 클럽하우스 참여 빈도 등에 따라 다양하게 위계가 드러나고 있습니다. 방마다 'moderator', 'speaker', 'followed by the speakers', 'others in the room' 등 등급을 노골적으로 표시하는 사회입니다. 이를 극복하기 위해서는 이용자가 좀 더 수평적인 문화를 만들어낼 필요가 있다고 할 수 있습니다.

🎙️ 그렇다면 클럽하우스는 교수 정재승에게 어떤 재미를 주는 플랫폼인가요?

✋ 저와 다른 경험, 지식, 전문 분야, 관점 등을 가진 사람들과의 대화를 매우 즐기는 편입니다. 그 안에서 많이 배우고, 또 독창적인 생각들을 얻을 수도 있거든요. 다시 말해, 누구나 〈알쓸신잡〉과 같은 저녁 식사를 일상에서 할 수 있다는 것입니다. 클럽하우스가 다양한 사람들이 모여 서로의 생각을 나누고 배울 수 있는 소통의 장 역할을 해주길 바라고 있습니다.

🎙️ 앞으로 클럽하우스가 어떻게 진화할 것이라 전망하시나요?

✋ 클럽하우스의 가장 큰 단점은 '공들이지 않은 콘텐츠의 난무'입니다. 오랫동안 수다를 떨었지만 (수다가 원래 그렇듯) 남는 게 없는 대화가 많아요. 일상에서 가까운 지인들과의 수다는 설령 배우는 것이 없더라도 사회성 강화, 스트레스 해소, 관계 지속 등의 유익함이 있습니다. 하지만 소셜 플랫폼은 '남는 게 없는 대화'만으로는 계속 유지되기 어려울 수 있어요. 때문에 제대로 기획되고 잘 짜인 형식의 이벤트, 어디에서도 들을 수 없는 정보가 나올 만한 구성과 질문, 깊이 있는 통찰이 오갈 수 있는 대화 방식 등 앞으로 실험해야 할 부분이 많다고 생각합니다. 특히 대통령 선거 등 정치적인 이슈들이 있을 때 클럽하우스가 어떤 모습으로 바뀔 것인가도 궁금합니다. 기본소득 같은 이슈들이 제대로 논의되었을 때 즐거웠고, 미얀마 민주화 시위나 동양인을 향한 혐오 범죄 등에 대해 활발한 논의가 부족하다는 부분은 아쉬움으로 남네요.

'현생' 1년과 맞먹는
'클생' 한 달

'원하는 대화'를 마음껏 할 수 있는 클럽하우스

몇 해 전부터 우리 사회에 취향의 바람이 불었다. 자기 정체성을 모르고 빽빽하게 짜인 틀 속에서 성장하던 청년들과, 산업화를 거치며 일과 가정에만 매몰되어 살아왔던 중·장년층이 자기 자신(내가 진정 원하는 게 무엇인가, 무엇을 좋아하는 사람인가)을 알기 위해 취향을 찾기 시작한 것이다. 취향을 공유하는 각종 소셜 모임이 곳곳에서 생겨나기 시작했고, 취향을 교육하는 온라인 강연 사이트도 호황기를 만났다.

온·오프라인 서점의 에세이 분야에도 취향에 관한 도서들이 깔리기 시작했다. 나를 찾기 위해 취향을 찾아 나서는 일. 사람은 바깥 세계와 상호작용을 함으로써 내가 무엇을 지향하는지 차츰 알아갈 수 있다.

클럽하우스의 등장으로 우리는 우리 자신이 원하는 대화, 즉 '대화 취향'을 알아갈 기회가 생겼다. 우리는 일상에서 '원하는 대화'를 얼마나 할 수 있을까. 어쩌면 원하는 대화가 무엇인지도 모르는 사람이 된 건 아닐까. 이는 마치 '생각하는 대로 살지 않으면, 사는 대로 생각하게 된다'라는 말처럼, 사실 우리는 '내가 무슨 생각을 하고 말하고 싶어 하는지'에 관한 충분한 고민과 경험이 부족할지도 모른다. 조건이 주어진 환경 속에서, 한정된 대화 패턴만 되풀이하며 일상에 지루해하고 있었을지 모른다는 말이다. 좋은 대화는 막혔던 감정을 풀어주고 의식을 더 높은 차원으로 끌어주어 쳇바퀴 같은 삶에서 한 발짝 떨어지게 한다. 우리를 쉬게 하고, 또 성장하게 하는 대화의 기능을 클럽하우스에서 피부로 느끼는 요즘이다.

'타인의 관심사'가 나를 확장시킨다

클럽하우스에 입장하면, 보통 공통의 관심사를 가진 사람을 팔로우하게 된다. 한 사람의 관심사는 적어도 두세 개, 많게는 네다섯 개 이상으로 구성되어 있다. 그렇기 때문에 공통 관심사를 가진 팔로어도 다양한 관심사가 있을 것이다. 이에 맞춰 평소의 나라면 참여하지 않을 법한 주제의 방이 클럽하우스에선 함께 큐레이션 되어 등장한다. 예를 들어 내가 미술에 관심이 있고, 관련된 이야기를 흥미롭게 하는 사람을 팔로우했다고 생각해보자. 그 사람이 미술 이외에 내가 관심을 두지 않는 블록체인이나 주식에 관심이 있어 그쪽 방에 들어가 있다면, 그 방들이 나의 클럽하우스 복도에 뜨게 된다. 실제로 나는 미술 이야기를 흥미롭게 하는 사람이 참여한 〈NFT(Non-Fungible Token, 대체 불가능한 토큰이란 뜻으로 희소성을 갖는 디지털 자산을 대표하는 토큰을 말한다) 아트〉 방에서 기술 발전에 따른 미술 시장의 현재와 미래에 대한 이야기를 재미있게 들을 수 있었다. 클럽하우스가 아니었다면 인터넷뱅킹도 잘하지 못하는 나는 평생 들을 수 없는 이야기였을 것이다.

손가락 하나로 들어가는 실시간 대화방의 매력

모임 중간에 끼어들어본 적이 있는가. 현생 속 상황을 하나 상상해보자. 내가 있는 모임 자리에 새로운 지인이 도착했다. 반갑든 그렇지 않든, 어색하게 서로 인사를 나눈 후에 하던 이야기를 이어간다. 이 경우 앞서 진행된 이야기에 추가 설명을 덧붙이거나, 아니면 이야기가 끊기게 된다. 둘 중 하나를 선택하기 전, 앞선 이야기의 새로운 깊이를 새로운 사람과 공유해도 좋을지 분위기를 파악한다. 그리고 대부분 위험을 감수하기보다는 안전을 택한다. 이런 경우에 새로운 사람의 참여는 대화가 더 진정성 있는 깊은 이야기로 들어가지 못하게 한다. 모두가 들어도 안전한 이야기로 겉돌게 되는 것이다. 이처럼 만남을 통해 일상의 피로를 풀어 나간 자리에서 만족스러운 대화를 하지 못한다면 도리어 피로감만 심해질 것이다.

　클럽하우스로 돌아와보자. 클럽하우스는 새로 들어오는 사람을 배척하지 않는 것이 예의다. 공개 방의 모더레이터들은 정도의 차이가 있지만 새로운 사람을 환영하는 분위기를 조성한다. 앞서 어떤 대화를 나누었는지 모더레이터가 새로운 사람에게 간단히 요약해주는 방도 많다. 즉 새로운 사람이 입장했다고 해서 대화의 깊이가 줄어들지 않는다. 그리고 대화에 흥미가 떨어지면 언제든지 손가락 버튼 하나로 다른 흥미로운 방을 찾아 이동할 수 있다. 이 점이 클럽하우스의 장점이며, 이것 덕분에 내가 지난 한 달 반 동안 나눈 대화의 질이 현생의 1년치와 맞먹었던 게 아닐까.

사람들이 빠져드는
모더레이터의 속 이야기

초기 클럽하우스가 각자 이곳에서 무엇을 할 수 있을지를 열심히 탐구하는 분위기였다면, 지금은 저마다 정체성을 찾아 전문 영역을 개척하고 있다. 클럽하우스 방은 크게 정보형, 치유형, 유희형 등 세 유형으로 나눌 수 있다. 정보형에 속하는 분야의 예시로는 경제·경영(IT, 투자, 스타트업, 리크루팅, 커리어 관리 등), 예술·문화·정치(전시, 독서, 시사, 오디오북 등)가 있다. 치유형은 마음 상담, 명상 등이 있고, 유희형은 성대모사, 각종 게임(마피아, 라이어 등), 비대면 소개팅, 비대면 술자리, 함께 음식을 먹으며 대화를 나누는 '소셜 다이닝' 등을 들 수 있다.

이제 각 영역에서 커뮤니케이션을 잘해내고 있는 모더레이터의 속 이야기를 들어보자.

유튜브에는 없는 클럽하우스만의 매력

유튜브에서 각각 20만 명, 8만 명이 넘는 구독자를 보유하고 있는 김단테(@kimdante) 님과 이효석(@manageyst) 님은 투자와 관련된 방을 운영하고 있다. 그들은 유튜브에서 충족할 수 없는 부분이 클럽하우스에 있다고 한다.

Q 유튜브와 다른 클럽하우스만의 매력이 무엇인가요?

● 김단테 저는 유튜브에서 라이브를 한 적이 없어요. 다른 분들 라이브를 보면 유튜브의 익명성 때문인지 '어그로agro'(관심을 끌거나 분란을 일으키고자 인터넷 게시판 따위에 자극적인 내용의 글을 올리거나 악의적인 행동을 하는 일)를 끄는 사람들이 많더라고요. 구독자가 많아질수록 그런 사람들이 더 많이 유입돼요. 자기들끼리의 싸움도 많이 일어나고요. 스트레스를 받지 않으려고 댓글도 잘 안 보는 편인데, 클럽하우스를 하면서는 이런 스트레스가 없어서 좋아요. 클럽하우스는 실명 기반이 잖아요. 이름을 바꾸는 것조차 자주 못 하게 해놨어요. 그러다 보니 스피커로 올라와서 논쟁하더라도 서로 존중하는 것이 보여요. 유튜브보다 굉장히 건전한 토론이 이루어지는 거죠. 비유하자면 유튜브

는 '콜로세움Colosseum', 클럽하우스는 '아고라agora'예요. 콜로세움에서 수많은 관중이 보는 가운데 검투사들이 싸우는 것처럼, 유튜브에서는 수많은 구독자가 보는 가운데 진행자들이 쇼를 해야 하죠. 반면에 클럽하우스는 같이 쇼를 만들어간다는 점에서 아고라 같아요.

그리고 클럽하우스는 제가 말하는 내용만 신경 쓰면 되니 굉장히 편해요. 유튜브를 할 때는 조명도 신경 써야 하고, 내가 옷은 잘 입고 있는지도 확인해야 하고, 여러 가지 신경 쓸 게 많아요. 그에 비해 클럽하우스는 에너지 소모가 덜하죠. 누워서 이야기해도 되고요.

● **이효석** 저 역시 클럽하우스의 매력으로 존중하며 소통할 수 있다는 점을 꼽고 싶어요. 물론 유튜브가 전달력은 훨씬 좋죠. 정보를 정돈해서 제공하니까요. 그런데 거기에서 끝이에요. 진행자들의 지식에서 콘텐츠가 멈추죠. 그런데 클럽하우스는 기존에 가지고 있던 정보로 방을 시작해도 방을 닫을 때에는 정보의 질이 훨씬 좋아져 있어요. 이야기하면서 서로 아이디어를 더 얻을 수 있어서 정말 좋아요. 그리고 의외성이 있다는 게 정말 매력적이에요. 한 번은 아마존 주식에 관한 이야기를 하고 있었는데, 아마존에 다니는 분이 방에 들어오셨어요. 아마존의 전략에 관한 이야기를 풀어주시면서 방에 계신 분들이 더 좋은 판단을 할 수 있도록 도와주셨죠. 이런 속 사정을 어디가서 듣겠어요. 예상치 못한 사람을 만나는 의외성이 클럽하우스의 큰 매력이라고 생각해요.

다양한 의견을 들을 수 있는 클럽하우스

다음은 스타트업 관련 방을 운영하고 있는 연시완(@siwan.yeon) 님을 만났다. 보통 다른 방들은 해당 분야의 전문가들이 모더레이터를 하지만, 시완 님의 방은 비전문가들이 모더레이터를 한다. 그런데도 전문가들이 몰린다는 게 특이하다. 그 비결을 들어보자.

Q 어떤 식으로 방을 운영하고 계세요?

● **연시완** 평일 오후 7시부터 10시까지 하루에 한 주제에 대해 방송처럼 '정기적으로' 토론하고 있어요. 방의 '톤 앤 매너tone and manner'(어조와 태도)를 유지하기 위해 정치, 논란 이슈, 혐오 비방, 차별 유도, 분쟁 유발, 투자 등의 이야기는 강하게 규제하고 있고요. 업계가 워낙 넓다보니까 각자에게 쉬운 단어도 다른 회사 사람들에게는 어려울 수 있기 때문에 스피커분들이 쉽게 설명할 수 있도록 계속 유도하고 있어요. 이 부분을 저희 방을 찾아주시는 분들이 좋아하시는 것 같아요. 그리고 방에서 나오는 이야기들은 정말 어디서도 들을 수 없는 내용이어서 토론 내용을 기록하고 있거든요. 다만 휘발성인 앱의 특성을 존중하기 위해 녹음하는 중이라고 먼저 고지하고 이름도 제거한 후 토론 내용을 네이버 카페에 업로드하고 있습니다.

Q 보통 방 주제의 전문가들이 모더레이터를 하는데, 시완 님 방은 다르

네요?

● **연시완** 네, 저는 스타트업에 관심 있는 개발자지만, 스타트업에 대해서 잘 몰라요. 모더레이터도 스타트업에 관심은 있지만 잘 모르는 분이나 주니어인 경우만 모시고 있습니다. 왜냐하면 시니어이거나 스타트업에 대해 깊은 생각을 가진 분을 모더레이터로 모시면 그분 의견으로 대화가 결론 날 가능성이 있다고 생각했거든요. 그렇게 되면 참여자들이 '결국엔 모더레이터가 말하고 싶은 대로 대화를 이어가는 거잖아?'라고 생각하게 되어 제 방에 부정적인 이미지가 생길 것 같다는 우려가 있어요. 그런 염려를 최소화하고, 모더레이터의 생각을 많이 넣지 않고 토론을 중재하려고 노력하고 있어요.

하지만 주니어로만 구성하면 클럽 운영이나 토론에 한계가 있어서 저희는 '서포터'라는 개념을 만들어 시니어도 모시고 있죠. 서포터들은 토론을 할 때 모더레이터를 하진 않지만, 문제가 생기거나 설명이 필요할 때 도와주기도 하고 클럽 운영에도 도움을 주세요.

Q 마지막 질문을 드릴게요. 왜 클럽하우스 사람들을 대상으로 무료 개발 과외를 해주시는 거예요?

● **연시완** 제가 건강 문제로 2021년 1월 31일에 퇴사를 했는데, 그때가 딱 클럽하우스가 한국에서 유행하기 시작할 때였어요. 대화를 하다 보니 자연스럽게 클럽하우스에 중독되면서 진심이 되었습니다. 하지만 클생으로 하루에 거의 16시간을 살다 보니, 현생에서 개발자로

살지 않는 모습 때문에 힘들었어요. 그래서 '클라밸'(클럽하우스 라이프 밸런스)을 찾기 위해 무료 개발 과외를 시작하게 되었어요. 다시 직장으로 돌아가는 9월까지 시간이 남기도 했고요.

서로의 멘토가 되어주는 클럽하우스

이번에는 연애 코칭 방, 비대면 소개팅 방을 운영하는 김보리(@kimbori) 님의 이야기를 들어보자. 현생에서 뉴스 채널 피디로 활동하는 그녀는 클생에서 연애 코칭 프로그램을 만들고 있다. 본인의 실명을 걸고 놀랍도록 솔직하게 이야기하고 조언하는 모습에 사람들의 방문이 줄을 잇고 있다. 심지어 클럽하우스 방에 접속해놓은 상태로 뉴스 제보를 받아 속보가 나가는 일까지 생겼다. 물론 사실 확인을 거치고 나갔지만, 기본적으로 클럽하우스 내에서 사람들 간의 신뢰도를 가늠해볼 수 있는 사건이기도 하다.

Q 현생과 클생의 캐릭터가 완전히 다른데, 부담감은 없으세요?
● 김보리 현생에서 피디라는 직업에 부여된 사회적 이미지에 간혹 부담감과 답답함을 느낄 때가 있었지만 클생을 접하면서 많이 해소됐어요. 제가 운영하는 방에서 '척추 브레이커'라는 별명으로 활동할 만큼, 방을 방문하는 사람들이 현실 자각을 할 수 있게 강하게 도와

주는 역할을 하고 있거든요. 그런데 이런 클생의 캐릭터가 현생과 달라서 오히려 부담감이 없어요. 현생이 계속 이어지면 거기서 오는 삶의 피로도가 클 것 같아요. 그런데 클생 내의 또 다른 페르소나 덕분에 삶이 즐거워졌어요. 부담감보다는 활력소가 된 거죠. 그래서 사람들의 말을 진정성 있게 들어주게 된 것 같아요.

김보리 피디의 인스타그램 피드 화면.
클럽하우스 방에서 받은 제보로 뉴스
속보를 내보낸 상황이 담겨 있다.

Q 연애 코칭 방과 비대면 소개팅 방이 흥하는 이유가 뭘까요?

● **김보리** 저는 클생을 하면서 커뮤니케이션의 철학이 하나 생겼어요. 남의 이야기를 끝까지 잘 들어주는 것이 이렇게 중요한 일이었는지 클럽하우스를 하기 전에는 몰랐거든요. 비록 제가 코치를 드릴 수 없는 사연도 많고, 이미 사연자 본인이 정답을 알고 있는 경우도 많지만, 누구에게 털어놓는 것만으로 스트레스가 해소될 수 있다는 걸 정말 크게 배웠어요.

연애 코칭 방과 비대면 소개팅 방의 흥행 원인은 '들어줄 사람과 멘토의 부재'라고 생각해요. 사실 현실 세계에서 나의 가장 내밀하고 옹졸한 부분을 보여주기는 힘들거든요. 자존심 때문에요. 그런데 성당에 가서 고해성사하는 것처럼, 클럽하우스에서는 모르는 사람이기에 나의 밑바닥을 보여주기가 훨씬 쉽다고 생각해요. 그리고 한국 사회가 사람들에게 완벽함을 요구하는 경향이 있잖아요. 그래서 대외적으로 자신의 치부도 말할 수 있는 믿을 만한 멘토가 부족하다고 느껴요. 그런 점에서 저희 방이 젊은 세대에게 호응을 얻고 있다고 생각해요. 또한 지금 밀레니얼 세대는 속도감을 원하지만 동시에 진정성도 원해요. 그래서 저희는 '불광불급不狂不及'(미치지 않으면 일정한 수준에 이르지 못함)의 방법으로 소통하고자 많은 노력을 합니다. 짧은 순간 미친 듯이 밀도 있게 말하다 보니 저희의 소통 방식이 때로는 기성세대가 보기에 꽤 직설적으로 여겨질 수도 있을 것 같아요.

사이먼 도미닉은 어떻게 팔로어 수 1위가 되었나?

2021년 2월 8일 클럽하우스에 입성한 이래, 팔로어 수 기준 대한민국 1위를 꾸준히 유지하고 있는 사이먼 도미닉(이하 '쌈디'). 가입 두 달만에 약 16만 명(2021년 4월 7일 기준)이 클럽하우스에서 쌈디를 팔로우하고 있다. 현재 클럽하우스 앱 아이콘의 모델인 글로벌 클럽하우스 스타 악셀 만수르Axel Mansoor의 팔로어 수인 15만 명보다 많다. 클럽하우스 국내 가입자가 약 40만 명(2021년 4월 기준)인 것을 감안하면 전체 이용자의 약 40퍼센트 정도가 쌈디의 이야기에 귀를 기울이고 있다는 뜻이다.

　　많은 유명인이 클럽하우스에서 사람들의 이목을 끌었지만, 쌈디

만큼 꾸준하게 오래 활동하고 있는 경우는 드물다. 심지어 그는 활동의 모양새도 다르다. 본인의 유명세를 살려 팬 미팅 같은 형식의 방을 운영하거나 랩이나 노래 같은 장기를 선보이는 이들과 달리, 쌈디는 인간 정기석으로 대화에 참여한다. 본인이 직접 방을 열기보다는 다른 사람들이 연 방에 들어가 자연스럽게 녹아든다. 그는 늘 자신이 들어와 있는 방의 테마와 분위기에 맞춰 목소리를 낸다. 성대모사 방에서는 함께 성대모사를 즐기며 웃고 떠들고, 상담을 해주는 방에서는 자연스럽게 다른 누군가를 위로하고 격려했다. 본인이 연예인이고 유명인이라는 사실을 숨기지는 않았지만, 그 사실을 뽐내거나 자랑하며 위세를 부리는 모습도 볼 수 없었다. 그는 왜 클럽하우스에 진심을 다하는 것일까? 그가 느끼는 클럽하우스 매력, 그리고 클럽하우스에서 보낸 시간들에 대한 소회가 궁금했다.

🎙️ 쌈디 님은 어떤 계기로 클럽하우스에 가입하고 활동하게 되셨나요?

✋ 가입 당시, 코로나19를 맞아 '사회적 거리두기'가 상당히 강화된 때였어요. 방역 수칙을 잘 지켜서 감염을 막는 것이 정말 중요하다고 생각했고, 공인으로서 더더욱 긴장을 늦추지 않으려 노력하면서 2020년 연말부터 거의 필수적인 일정이 아니면 대부분 외출도 하지 않고 집을 지켰어요(실제로 쌈디는 소셜 미디어 등을 통해 지속적으로 외출 자제를 요청했으며, 마스크를 쓰고 랩을 하는 모습을 보여주는 등 사회적 경각심을 유지하는 데 최선을 다했다). 집

에 혼자 있는 기간이 점점 길어지면서 많이 무료했던 기억이 나요. 그러던 2월 초쯤, 인스타그램을 보는데 사람들 프로필이 모여 있는 화면들이 눈에 띄기 시작했습니다. 처음에는 '이게 뭐지?' 하고 지나칠 뿐 큰 관심을 두지 않았어요. 당시 새 앨범 작업도 해야 했고, 방역에 안 좋은 영향을 끼칠 것 같아 설 연휴에도 고향인 부산에 가지 않기로 마음먹었습니다. 그러다 보니 무료함이 더 커지기 시작했죠. 그러던 중, 한 온라인 힙합 커뮤니티 사이트에서 클럽하우스 이야기를 나누는 것을 보게 됐어요. '재밌다', '새롭다', '흥미롭다' 등의 평이 많아 호기심이 생겼는데, 알고 보니 제가 인스타그램에서 봤던 그 화면이 클럽하우스였음을 알게 되었고 가입을 해볼까 하는 마음이 생겼죠. 그래서 앱을 설치했는데 가입이 안 되는 거예요. 그때만 해도 초대장이 필요한 서비스라는 것도 몰랐던 거죠. 뒤늦게 초대장을 받아서 2월 8일 저녁에 클럽하우스를 처음 시작하게 됐습니다.

가장 처음 들어간 방을 기억하시나요?

소문으로 많이 듣던 성대모사 방이 보였어요. 당시 성대모사 방 초창기로 기억해요. 그때는 '모더레이터'라는 말도 몰랐을 때였는데, '진행자'로 보이는 사람이 마침 지인이어서 더 마음 편히 들어갔어요. 당시엔 제가 이름도 사이먼 도미닉이 아닌 정기석으로 해둔 상태였고, 프로필 사진도 어린 시절 사진으로 해둬서 사람들이 바로 알아보지 못했어요. 그래도 제본명이 알려져 있고, 마침 지인도 있었던 터라 "진짜 쌈디면 올라와보세요" 하면서 무대로 초대를 해줘서 처음으로 스피커가 됐죠. 다른 스피커들이 "진짜 쌈디 맞아? 가짜 아니야?" 하면서 웅성웅성하는데, 어쨌든 성대모사 방이니 성대모사를 하라고 하더라고요. 그래서 그냥 "안녕하세요,

사이먼 도미닉입니다" 하고 제 성대모사를 했더니 사람들이 다들 똑같다며 신기해하는 거예요. 그러면서 더 보여줄 건 없느냐길래 제 흉내를 조금 더 냈더니 재미없다며 장난으로 저를 객석으로 돌려보내는 거예요. 그때 '뭐지? 이 짜증 나는 기분은?' 하고 다시 손을 들어 스피커가 된 후에 진짜 제대로 보여주겠다며 노트북을 들고 제 방에 가서 〈사이먼 도미닉〉 MR을 틀고 노래를 했어요. 신청곡도 가능하냐는 요청에 신청받은 이소라의 〈처음 느낌 그대로〉도 MR까지 틀고 부르면서 의도치 않게 화려한 클럽하우스 '데뷔'를 하게 되었습니다. 사람들도 저를 팔로우해주기 시작하면서 본격적으로 클럽하우스를 시작했어요.

🎤 하필이면 첫 번째 방이 성대모사 방이어서 곤욕 아닌 곤욕을 치르셨네요.

✋ 그래도 재미있었어요. 이 사건이 약간 밈meme이 되어서 성대모사 방에 저를 따라 하는 분들이 몇 분 생긴 것 같더라고요. 그 뒤로 또 성대모사 방에 들어가서 이분들을 뵌 적이 있는데, 워낙 비슷하게 흉내를 내셔서 어느 순간 제가 그분들을 따라 하게 되더라고요. 정말 유쾌한 경험이죠.

🎤 스케줄이 많아 피곤할 텐데도 짬짬이 시간을 내서, 때로는 새벽 늦게 들어와 밤새도록 클럽하우스에서 시간을 보낼 때가 많으셨던 것 같아요. 클럽하우스에 가장 오래 접속했던 게 몇 시간이었는지 기억나세요?

✋ 마침 가입 직후 설 연휴를 맞아 웬만하면 클럽하우스에 계속 접속해 있

었어요. 이 방 저 방에서 정말 많은 시간을 보냈는데, 가장 오래 있었던 때는 제 생일날이었던 3월 9일이었어요. 3월 8일에 술을 마시며 진행한 방송 프로그램이 있었는데, 몇 개월 만에 마신 술이라 꽤나 취해서 집에 왔어요. 그리고 그 와중에 또 클럽하우스에 들어간 거예요. 그때 그 오픈 방에서 천 명이 넘는 분들이 제 생일을 축하해주시며 함께 대화도 나눴는데, 다음 날 일어나 보니 전 하나도 기억나지 않는 거예요. 잠에서 깨자마자 아침 9시쯤에 다시 클럽하우스에 접속해 〈아까 클하했다는데 기억이 안 나〉라는 제목의 오픈 방을 열었어요. 마침 제 생일이기도 했고, 그날 오후 6시에 제 싱글 앨범인 〈Party Forever〉가 나올 예정이었죠. 신곡 발표 전까지 8시간 정도 그 방에서 정말 많은 분께 축하를 받으면서 클럽하우스를 했어요. 잃어버린 제 전날의 기억을 상기시켜주실 때마다 부끄러워하기도 하고, 〈클하사〉 클럽을 운영하시는 도연(@doyeon723) 스님이 오셔서 사주풀이를 해주시기도 했고요. 제가 해장하려고 냉면을 시켰는데 갑자기 다른 분들도 너도나도 냉면을 시키시더니 프로필 사진을 냉면 사진으로 바꾸고 같이 냉면 ASMR도 했어요. 너무 신나고 재미있는 시간을 보내서 아마 싱글 앨범 발표만 아니었으면 더 했을 것 같아요.

저도 아침 출근길에 그 방에 잠깐 있었는데, 오후 늦게까지 방이 계속된 걸 보고 깜짝 놀랐던 기억이 나네요. 인스타그램을 포함해 사람들과 소통할 수 있는 다른 소셜 미디어도 많은데, 클럽하우스만의 매력은 뭘까요?

일단 얼굴이 보이지 않는다는 것이 큰 차이인 것 같아요. 요새 인스타그램에서도 최대 네 명까지 함께 라이브 방송을 할 수 있는데, 확실히 얼굴이 보이니까 상대적으로 더 부끄럽기도 하고, 말할 때도 더 신경을 쓰게 되거든요. 클럽하우스는 온전히 목소리 대 목소리로 소통하는 플랫폼이다 보니, 부끄러움은 덜하고 진솔함이 커지는 효과가 있는 것 같아요.

🎙️ 그렇다면 스스로도 팬들과 소통할 수 있는 다른 창구(방송이나 라디오, 인스타그램 등)와 비교했을 때 클럽하우스에서의 쌈디가 좀 더 솔직하고 진솔한 편인 것 같으세요?

✋ 확실히 그런 것 같아요. 방송이나 라디오에서도 최대한 솔직하게 말하고 답하는 편이지만, 어쩔 수 없이 그 채널이 갖는 제약이 있을 수밖에 없거든요. 하지만 클럽하우스가 갖는 실시간성과 휘발성이라는 특성이 주는 편안함이 있어요. 같은 방에서 이야기를 나누는 분들도 아티스트 사이먼 도미닉보다는 인간 정기석의 모습이 더 드러나는 것 같다는 말씀을 많이 해주시더라고요. 그런 저를 다른 분들도 더 편하게 대해주시니 저도 상대방을 더 편하게 대할 수 있게 되었고요. 어떤 방에 들어가든 자연스럽게 사람들 사이에 섞여 들어가 함께 이야기를 나누게 된 것 같아요. 누군가의 고민을 함께 들어주면서 공감과 조언을 해주고, 칭찬이 필요한 이들을 격려해주고 하는 것들이 저 스스로 솔직하게 임하기 때문에 가능한 것이라고 생각해요.

🎙️ 그렇게 어느 방에서든 잘 녹아들고 동화되어 이야기를 나눈다는 점이 다른 유명인들과 조금 다르게 클럽하우스를 이용하는 모습인 것 같아요. 본인의 성향이 반영된 걸까요?

그런 것 같아요. 제 이야기를 하는 것만큼이나 다른 사람의 이야기를 듣는 걸 좋아할뿐더러 잘 듣는 편이거든요. 그러다 보니 나이가 들면서 점점 사람들과 대화를 나누고 수다 떠는 것을 즐기게 된 것 같아요. 종종 제가 직접 방을 열 때도 있지만, 그럴 때마다 비슷한 패턴으로 대화가 흘러가는 것이 아쉬웠거든요. 그래서 다른 사람이 연 방에 들어가 새로운 이야기를 하고 듣는 것이 더 재미있어요. 20대의 치열함을 살아내느라 각박했던 쌈디와 달리, 어느 정도의 성취를 이룬 지금의 30대 쌈디는 그 누구와도 대화를 나눌 수 있다는 자신감이 생겼거든요. 이제 다른 사람의 이야기를 편견 없이 들어줄 수 있는 마음의 여유가 생긴 것 같아요.

그 마음의 여유를 클럽하우스에서 나누어 주고 계신가요?

나누어 준다는 표현은 적절치 않은 것 같아요. 그냥 제가 경험한 것들이나 느꼈던 감정을 전달하고, 반대로 저도 그분들의 이야기를 들으며 새로운 경험을 얻는 거죠. 클럽하우스 안에서 우리 모두가 수평적이라고 생각하거든요. 제가 연예인이고 아티스트 사이먼 도미닉이라는 것을 내세우기보다 그냥 말동무로서 다가가고 싶어요.

수평적인 관계에 대해서 이야기가 나온 김에, 클럽하우스의 트렌드 중 하나인 '반모'(반말 모임)에 대해서 어떻게 생각하시는지 궁금해요. 수평어가 의사소통에 미치는 영향이 있다고 보세요?

사실 '반모 방'을 많이 들어가보진 않았어요. 그때 Kay 님(인터뷰어)과 같이 이야기 나눴던 방이 처음이었던 것 같은데, 꽤 신선한 경험이었어요.

나이, 지위, 직업과 같이 서로를 규정하고 구분하는 것들에서 벗어나 대화하다 보니 더 격의 없이 재미있었거든요. 위화감 없이 편하게 이야기하면서 더 짧은 시간 안에 친해질 수 있었던 것 같아요. 들어가자마자 "어, 쌈디 왔니?" 하며 저뿐 아니라 모두가 당황하지 않고 센스 있게 대화를 이어갈 수 있었다는 것이 참 놀라웠어요.

저도 그 방에서 쌈디 님과 처음 수평어로 이야기를 나눈 덕분에 더 친숙해진 것 같아요. 그 방도 다른 분이 연 방으로 기억하는데, 주로 어떤 방에서 어떤 대화를 나누시나요?

요즘은 오픈 방보다는 소셜 방에 가는 것을 더 즐기는 것 같아요. 오픈 방에 들어가면 저 때문에 방의 규모가 갑자기 커지기도 하고, 제게 이목이 집중되면서 기존 대화의 흐름이 방해받을 수 있겠다는 생각도 하거든요. 그래서 팔로우 기반의 사람들에게 노출되는 소셜 방에 가서 다양한 사람들을 만나고 조금 더 친밀한 대화를 나누는 게 좋은 것 같아요. 하지만 큰 오픈 방에서도 충분히 진정성 있는 대화를 나눌 수 있다고 생각해요. 그런 맥락에서 기억에 남는 방이 이 책 저자 중 한 명인 정원 님이 열었던 방이었어요. 인생 영화에 대한 이야기를 나누는 방이었는데, 저도 영화를 좋아하고 자주 보는 터라 이야기를 들어보고 싶어서 들어갔죠. 방 분위기가 굉장히 차분하고 지적인 느낌이라 제가 주로 활동하던 방들과는 결이 조금 다르다는 느낌을 받았는데, 엉겁결에 스피커가 되어버렸어요. 자기 자신을 나타내는 인생 키워드 세 가지와 인생 영화에 대해서 한 명씩 이야기를 하는데, 제 차례가 다가올수록 엄청 긴장이 되는 거예요. 제 얘기가 아닌 다른 것에 대해 이야기하는 데 익숙지 않거든요. '뭐라고 하지, 뭐라고 하지' 계속 생각하다가 떠오른 키워드인 '고민', '불면증', '래퍼'를 엮어 "요즘 앨범 때문에 고민이 많아 불면증이 생긴 래퍼 사이먼 도미닉입니다"라고 소개하고 인생 영화로 1948년 작 〈자전거 도둑〉을 소개했어요. 2020년에 흑백영화에 조금 꽂혀 있었고, 그때 인상 깊게 본 영화 중 하나였습니다. 이 영화가 제 인생 영화는 아니지만 왠지 이런 방에서는 조금 있어 보여야 한다는 생각을 했었나봐요. 그래서 네오리얼리즘 어쩌고저쩌고하며 떨면서 영화 이야기를 했어요. 제 이야기를 마치고 나서 다른 분들의 이야기를 듣는데 도저히 못 참겠더라고요. 뭔가 안 맞는 옷을 입고 있는 느낌이었달까? 그래서 조심스레 이야기를 다시 꺼냈죠. 사실 제 인생 영화가 〈자전거 도둑〉이 아니고 〈터미네이터 2〉, 〈로보캅 2〉, 〈스파이더맨 2〉, 〈영웅본색 2〉, 〈나 홀로 집에 2〉라고 말이죠. 더 이상 있어 보이는 척은 못 하겠단 제 말에 모두가 빵 터졌고, 그 뒤로 더 재미있게 이야기를 나눌 수 있었어요. 그 뒤에 그 방에서 황석희 번역가님과 함께 '욕을 어떻게 번역해야 할 것인가'라는 주제로 또 한바탕 웃고 떠들며 시간을 보냈던 기억이 나요.

이렇게 듣기만 해도 너무 재미있네요. 이렇게 재미있게 이야기를 나눈 방이 한두 개가 아닐 것 같은데, 기억에 남는 분들이 있으세요?

정말 많죠. 끊임없이 이어지는 오디션 프로그램들을 보면서 우리나라에 노래 잘하는 사람이 왜 이렇게 많으냐고 하는데, 저는 클럽하우스에서 다양한 방면으로 입담 좋은 분들이 진짜 많다고 느꼈어요. 그 많은 분 중에 더 기억에 남는 분은 '자신의 이야기를 할 수 있는' 분들인 것 같아요.

단순히 말을 재미있게 하거나, 어떤 지식과 정보를 전달하는 것이 아닌, '나의 이야기'를 하는 분들요. 대표적인 사례가 시리 성대모사를 하는 정영한(@youth.kr) 님이지 않을까 싶어요. 시리의 목소리를 하고 있다 보니 사람들이 더 편하게 자신의 고민을 털어놓고, 시리도 그 고민에 진심으로 화답해주거든요. 저도 종종 클럽하우스 시리가 연 방에서 모더레이터로 함께 고민 상담을 해주곤 했고요.

🎤 쌈디 님도 실제 친분은 없지만 클럽하우스에서 만나 '클친'으로 지내는 분이 계세요?

✋ 물론 있죠. 보통 온라인 플랫폼에서 친구를 사귀는 것이 쉽지 않은 이유는 거기서는 클럽하우스만큼 대화를 하지 않으니까요. 사실 '실친'(실제 친구)보다도 클친과 더 대화를 많이 하는 것 같아요. 실친과 잘 하지 않는 얘기도 편하게 하게 되고요. 예를 들어 가사 작업을 하다가 조금 막혔을 때, 저는 클럽하우스 소셜 방에 들어가서 클친들에게 의견을 물어요. 제가 생소한 주제에 대해 묻고 배우면서 그걸 작업에 반영하는 일은 실친과 하기에는 조금 어려울 수 있거든요. 실친과 잘 하지 않게 되는 이야기를 얼굴이 안 보이는, 아예 몰랐던 사람과 편하게 나눌 수 있다는 게 신기하더라고요. 그런 대화를 이끌어내도록 만들어주는 것이 클럽하우스인 것 같아요.

🎤 쌈디 님 의견에 매우 공감합니다. 말씀하셨던 소셜 방에서 자주 대화를 나누는 클친은 어떤 분들인지 궁금해요.

다 말씀드릴 수 없을 정도로 많아요. 〈랩 하면 사주 봐드립니다〉라는 방에서 제가 랩을 했더니 정말 사주를 봐주셔서 그걸 계기로 친해졌던 가원(@phaedros) 님도 있고, 늦은 밤 함께 반주에 맞춰 노래하는 음악가 클친인 정환(@leebalgwan) 님이나 밴드 오이스터의 조곤(@jogon) 님도 있죠. 앞서 이야기한 황석희(@drugsub) 번역가님이나 클럽하우스 시리 정영한 님도 자주 마주치는 클친이고요. 아, 최근에 만난 분 중에 짱구 성대모사를 하시는 핑구(@pin_gu_) 님이 계신데, 듣다 보면 정말 기분이 좋아져요. 특히 그분의 칼림바Kalimba(음높이가 다른 여러 금속 건반을 상자 또는 판 형태의 몸통 앞면에 배열한 악기) 연주를 듣고 마음이 정화되는 경험을 했는데, 칼림바야말로 클럽하우스를 위해 특화된 악기라는 생각이 들었어요. 기회가 되면 꼭 들어보세요.

쌈디 님 실친 중 '이 사람이라면 클럽하우스에서 제대로 활약할 수 있겠다' 생각하시는 분이 있나요?

우원재요. 워낙 목소리도 좋고 라디오 디제이 경험도 있어서 왠지 하면 잘할 것 같거든요. 이곳에서 많은 분과 소통하고, 본인 속 이야기도 하면서 편하게 놀 수 있는 친구라고 생각해요. 목소리 톤이 좋고 말하는 것을 좋아하는 친구들에게 추천해주고 싶은데, 그런 면에서는 원재가 적격이죠.

AOMG 소속 다른 분들도 클럽하우스에서 뵐 수 있기를 기대하겠습니다. 지난번 클럽하우스에서 싱글 앨범 〈Party Forever〉의 Listening Party를 클친들과 함께했다고 하셨는데, 다른 플랫폼에서의 신곡 발표와는 어떻게 달랐나요?

한 달가량 클럽하우스를 하면서 진짜 많은 분을 알게 되었거든요. 그래서인지 정말 다양한 분들이 각자 스타일대로 제 노래의 감상평을 들려주셨어요. 오래된 팬부터 새롭게 저를 알게 된 분들까지 많은 분이 함께 어우러져 쌈디의 음악을 즐겼던 축제 같은 시간이었죠. 실은 그 전날 인스타그램에서 코드 쿤스트와 로꼬, 그리고 이 노래를 만든 슬롬Slom이랑 같이 넷이서 합동 라이브 방송을 했었는데 조금 어색했거든요. 실제 얼굴을 계속 보면서 대화를 이어간다는 게 쉽지 않았어요. 오히려 얼굴을 드러내지 않고 편하게 이런저런 이야기를 주고받았던 클럽하우스가 더 편했던 것 같아요. 그 편안함에는 음악을 들을 때의 감성도 포함되는 것 같아요. 최근에는 클럽하우스에서도 오디오 관련 여러 가지 실험을 통해 고음질의 음악을 송출해주는 분들도 계시지만, 그날 저희는 그냥 대화하던 중에 핸드폰을 스피커에 가져다 대고 음악을 들려드렸거든요. 음질이 썩 좋지 않았음에도 그 순간 모두 조용히 경청하는 모습에서 라디오나 카세트테이프로 음악을 듣던 옛 기억이 떠올랐어요. 클럽하우스에는 그런 아날로그적 감성이 있어요. 그런 분위기가 좋은 거죠. 사실, 옛날 생각이 나기도 하고.

클럽하우스 이후에도 음성 기반의 소셜 미디어들이 계속 등장할 것 같습니다. 이처럼 음성을 기반으로 소통하는 소셜 미디어의 등장이 어떤 변화를 가져오리라 예상하시는지요?

음성 기반이라고 하면 가장 먼저 떠오르는 것이 라디오잖아요. 그 라디오가 표현이 더 자유로워지고, 채널도 훨씬 다채로워지는 느낌이에요. 다양한 사람이 다양한 주제를 다양한 말투로 다루게 되는 거죠. 물론 팟캐스트가 그런 비슷한 역할을 했지만 클럽하우스는 진입 장벽을 보다 낮춘 느낌이에요. 그 때문에 표현의 스펙트럼이 더욱 넓어진, 보다 자유로운 음성 매체가 생겼다고 볼 수 있겠죠. 그러면서 스스로에게 내재된 본모습이 더 드러나는 걸 관찰하게 돼요. 저는 클럽하우스에서 '멀쩡한 분들이'라는 표현을 자주 씁니다. 직업이나 사회적 지위 등을 봤을 때 안 그럴 것 같은 분들이 클럽하우스에 와서 성대모사를 하고 노래도 하며 끼를 분출하는 것을 보게 됩니다. 그럴 때마다 '어떻게 저걸 여태 참고 살았지?' 하는 생각이 들어요. 저는 그게 얼굴 없이 목소리로 소통하는 것의 힘인 것 같아요.

말씀하신 '멀쩡한 분들'이 클럽하우스에서 이렇게 시간을 보내는 이유 중 하나로 외로움을 많이 이야기하는 것 같아요. 인간 정기석도 외로움을 자주 느끼는 편인지, 클럽하우스에서의 소통으로 그 외로움이 조금이나마 해소되는지 궁금합니다.

사실 옆에 누가 있다고 해서 안 외로운 것은 아닌 듯해요. 결국 인생 전반에 깔려 있는 외로움을 죽을 때까지 안고 살아가는 게 아닐까 싶어요. 그럼에도 외로움은 우리가 항상 마주해야 하는 감정이죠. 저도 친구가 있고, 밖에서 함께 작업을 하거나 놀거나 하지만, 그러고 나서 집으로 돌아왔을 때는 어쩔 수 없이 그 빈 공간을 느끼게 됩니다. 오랜 시간 친구처럼 계속 곁에 두고 살아온 그 외로움과 공허함을 잠시나마 잊기 위해서 클럽하우스를 찾아와 많은 사람의 이야기를 듣게 되고, 또 제 이야기를 하는 것 같아요. 현생에서의 스트레스를 클럽하우스에서의 대화로 풀고, 자신의 목소리로 다른 사람에게 재미나 감동, 위안을 줌으로써 어느 정도 그 공허함을 채울 수 있다고 생각해요. 보다 본질적으로는, 누군가가 여기서 고민을 털어놓았을 때, "저도 그래요" 하고 공감해주는 것만으로도 받게 되는 위로가 있거든요. 생각해보면 정말 단순하지만 위대한 소통인 거죠. 제가 프로필에 '룸메 구함'이라고 적어둔 것도 같은 맥락이에요. 제가 〈DARKROOM〉이라는 스튜디오를 운영하는데, 그 작업실에서 함께 작업하는 크루를 룸메이트라고 부르거든요. 그 룸메이트라는 개념이 클럽하우스로도 확장되더라고요. 클럽하우스에서도 이야기를 나누는 곳이 방이고, 결국 나와 같이 방에서 이야기를 나눌 사람을 구한다는 의미죠. 가끔 진짜 룸메이트를 찾는다고 오해하시고 많은 분이 제게 본인의 신상 정보와 함께 요리 실력 등을 어필하시면서 DM을 주시는 해프닝도 있지만요.

🎤 많은 분이 공감할 이야기인 것 같아요. 마지막으로 현재 클럽하우스를 이용하는 분들, 앞으로 클럽하우스에 가입하게 될 분들에게 해주고 싶은 이야기가 있다면?

✋ 저는 집에 있어도 집에 가고 싶은 기분이 들 때 클럽하우스에 들어가게 된다고 생각해요. 사실 말을 한다는 게 생각보다 에너지 소비가 큽니다. 그럼에도 피곤한 몸을 이끌고 집에 들어와 클럽하우스를 켜고 대화를 하는 이유는 내 집에서 채워지지 않는 그 외로움과 공허함이 있기 때문이거든요. 코로나19 시대에 'Stay home, Stay safe'를 지키면서 그 외로움이 더 커진 것 같아요. 그래서 제가 농담 반 진담 반으로 "Stay (Club)house, Stay safe"를 많이 이야기해요. 밖에 나가서 놀지 말고 '집'에 와서 이야기 나누자고요. 클럽하우스는 안전한 곳으로 느껴지거든요. 그렇기에 집 안의 진짜 집이 될 수 있는 것 같아요.

3

진정한 소통을
위하여

이종범
네이버 웹툰 〈닥터 프로스트〉 연재 만화가, 라디오 디제이, 재즈밴드 드러머 등 경계를 넘나드는
능력자.

소통의 리셋, 클럽하우스

우리는 왜 소통할 수 없는가

소통을 향한 본능적 욕망

각종 히어로 영화에서 등장하는 특수한 능력들은 인간의 본능적인 욕구를 보여주는 흥미로운 창이다. 자주 등장하고 모두에게 익숙한 초능력일수록 인류가 오랫동안 갈망해온 능력이다. 그중에는 정신 감응, 즉 텔레파시가 있다. 인기 있는 히어로들이 보여주는 대부분의 초능력은 외부에 대한 통제력이나 영향력과 연관된 것이다. 이 점에서 텔레파시가 유서 깊은 초능력으로서 우리에게 익숙하다는 사실은 굉장히 흥미롭다. 텔레파시는 그 자체로는 아무것도 바꿀 수 없는 능력이기 때문이다. 이 능력이 가져다주는 상황은 다름 아닌 '연결' 그 자체다. 시간이 흘러 정신 조종, 정신 통제 능력까지 여러 작품에서 등장했다. 하지만 어디까지나 그 출발은 순수한 연결감인 텔레파시다.

우리가 소통과 연결감을 원한다는 증거는 이미 무수히 많은 작품에서 등장했다. 영화 〈아바타〉에서 나비족이 보여준 완전한 일체감, 애니메이션 〈에반게리온〉의 '인류보완계획'이 추구한 것, 아서 C. 클라크의 SF소설 《유년기의 끝》에서 인류가 도달한 진화 단계, 그리고 만화 《기생수》에서 자신에게 기생한 존재와 결국 공생 관계가 되는 주인공 신이치까지. 이러한 증거는 일상에서도 흔히 볼 수 있다. 골방에서 라디오를 듣다가 디제이가 내 사연을 읽어주면 나는 디제이와 통했다고 믿는다. 소개팅 자리에서 꺼내는 첫 번째 주제는 보통 인맥 점검이다. 소개팅 상대방이 어떤 학교를 나왔는지, 어느 동네에 살았는지 따라 관련된 지인의 이야기를 꺼낸다. 공통점을 찾기 위한 이런 노력들은 무의식적으로 이루어진다. 멜 깁슨 주연의 영화 〈왓위민 원트〉처럼 이러한 욕구를 전면에 다룬 영화도 있다. 그만큼 우리는 근본적인 연결감과 소통을 원한다. 그것이 상대의 마음을 알지 못해 겪게 될 부정적인 결과에 대한 공포 때문이든, 상대의 마음을 이용하기 위한 욕망 때문이든 차이는 없다. 이런 피상적인 욕망과 두려움보다 근본적인 단계에서, 우리는 상대방과 공감대를 이루었다는 느낌만으로도 안도감 속에서 안락함을 누린다. 주거나 얻을 것이 아무것도 없는 상황에서조차 그렇다.

하지만 욕망의 역사가 길다는 것은 그만큼 오랜 시간 극복하지 못했다는 뜻이기도 하다. 죽음을 극복하기 위한 인류의 열망처럼, 소통과 연결에 대한 열망 역시 그 기나긴 역사만큼 거대한 한계를 마주하고 있다.

우리의 소통을 가로막는 것들

나의 삶을 둘러봤을 때, 세상의 모든 자연스러운 것들이 인간의 소통과 연결을 가로막기 위해 존재한다는 기분이 들 때가 있다. 굳이 신체적, 물리적 한계를 언급할 필요도 없다. 우리는 상대의 마음을 읽을 수 없기 때문에 언어를 발전시켰다. 나는 인간의 생각과 선명도의 개념인 해상도를 연결하는 것을 좋아하는데, 우리가 느끼고 생각하는 것들은 무한한 해상도를 자랑하는 반면, 언어는 한심할 정도로 저해상도의 도구에 불과하다고 생각한다. 우리의 내면세계가 4K(4096x2160 해상도를 칭하는 이름) 영상이라고 한다면, 언어에 담기는 부분은 스틸사진에 불과하다. 우리는 생각이나 감정을 온전히 전달하는 텔레파시를 사용할 수 없으므로 이 불완전한 언어에 의존할 수밖에 없다. 보다 정확하고 정교한 언어 표현을 사용하는 훈련을 받는다면 그나마 조금 더 섬세한 소통을 통해 서로에 대한 이해와 공감에 접근하는 것이 불가능한 것도 아니다.

그러나 다음 단계에서 우리는 심리적인 장벽과 인간사회의 구조적인 한계를 마주하게 된다.

대략 50만 년 전으로 돌아가보자. 어떤 원시인이 식량을 구하기 위해 터덜터덜 사냥에 나섰다. 다행히 가까운 곳에서 알록달록하고 화려한 버섯을 발견했다. 한 움큼 뜯으려는 순간, 버섯을 잘못 먹고 죽은 옆 동굴의 친구가 생각난다. 그 친구가 죽기 얼마 전 알록달록한 버섯을 먹었다는 말을 들은 것도 같아서 왠지 불안하다. 하지만 눈앞의 버섯은 그 버섯이 아닐 수도 있잖은가? 그 버섯이 빨강이었나, 파랑이었나? 이건 보라색인데 괜찮지 않을까? 한참 고민한 그는 직감을 믿기로 하고 먹음직스러워 보이는 버섯을 지나쳐 계속 걸어갔다. 숲에 들어선 그는 어디선가 바스락거리는 소리를 들었다. 토끼를 기대하며 달려간 그의 눈앞에 거대한 네발짐승이 서 있다. 형형한 눈빛과 거대한 송곳니를 드러내며 서 있는 짐승. 다행히 짐승은 아직 그를 발견하지 못한 눈치다. 지금 도망가면 살 수도 있다.

그런데 저 짐승이 사나울지 아닐지 어떻게 알지? 송곳니만 큰 온순한 동물이라면? 큰 송곳니 탓에 무리에서 소외된 외로운 동물일 수도 있는데 너무 앞질러 생각하는 건 아닐까? 하지만 다행히도 그는 자신의 직감을 믿은 덕분에 도망칠 수 있었다. 이렇게 그는 우리의 선조가 되는 데 성공했다.

앞선 이야기에서 그 원시인은 편견과 선입견 덕분에 생존에 성공했다. 편견 없이 모든 것을 대하던 옆 동굴의 이웃은 우리의 선조가 되지 못하고 사라졌다. '편견과 선입견'이라는 단어를 좋은 의미로 사용하는 사람은 없으니 이 표현이 불편한 사람은 조상이 된 원시인이 '학습의 결과'로 생존했다고 말을 바꿔도 무방하다. 그래도 달라지는 점은 없다. 어차피 거의 모든 학습은 절대적인 진리라 부르는 것에 대한 깨달음을 제외하면 대부분 편견과 선입견을 체계적인 형태로 쌓아 올리는 것이니까. 원시시대부터 인류를 지배한 본능 중에서 생존과 가장 직결된 정서는 두려움이다.

그리고 대부분의 두려움은 설명할 수 없는 대상에 의해 발생한다. 하늘에서 번개가 번쩍이고 뒤이어 거대한 소리가 귀를 때린다. 천지가 울리는데 나는 이런 일이 왜 발생하는지 몰라 두렵다. 이때 우리 선조들이 "자, 이제부터 왜 천둥이 치는지 알아보자" 하고 팔을 걷어붙이며 토론했을까. 아니, 그저 신이 노했다고 생각할 수밖에 없었을 것이다. 우리는 설명할 수 있는 답을 원한다. 그래야 공포심을 억누르고 두려움을 통제할 수 있기 때문이다. 당장 답을 내릴 수 없는 상황은 우리에게 두려움을 일으킬 뿐이다. 그래서 우리의 뇌는 두려움 속에서 제대로 된 답을 찾아가기보다 선입견을 적극적으로 활용해서 두려움에서 벗어나는 쪽으로 발달하기 시작했다.

사실 범주화, 타자화, 편견, 선입견이라는 말은 그 자체로는 부정적인 말이 아니다. 현상과 당위를 굳이 구분하자면 편견은 현상이다. 인간의 뇌는 옳고 그름을 따지기 전에 생존을 위해서 이와 같은 방법을 써야만 했다. 심리학에서 '인지적 절약'이라는 표현이 있다. 과거에 A 대학을 졸업한 사람과 여러 번 다툰 적이 있는 사람, B 지역 출신과의 사이에서 좋지 않은 경험을 한 사람은 다음번에 만날 A 대학 졸업생과 B 지역 출신들에 대해 제대로 알아보기도 전에 심리적 방어 상태로 마주한다. 인지적 에너지를 절약하기 위한 행동으로, 우리의 뇌는 그것을 효율적이라고 생각한다. 바로 이 효율 덕분에 인간의 문명은 눈부시게 발전했다. 모든 대상을 편견 없이 공명정대하게 바라봤다면 인류 문명은 이만큼 발전하지 못했을 것이다. 효율성에서 모든 생존의 문제와 문명의 발전, 동시에 근본적인 소통의 부재가 비롯됐다. 이제 어지간히 성숙한 인간이 아니면 이러한 본능을 억누르며 상대와 투명한 소통을 원활하게 하는 게 불가능해졌다. 그렇게 효율성을 위해 축적된 편견의 근거는 시대가 변하고 인간이 학습을 거듭할수록 점점 누적되어 왔다.

트위터와 페이스북, 인스타그램 등의 소셜 미디어를 이용하면서 이러한 경험이 강화되었다. 그리고 우리는 두려움이 느껴지지 않는 대상으로 타임라인과 피드를 구성하고 있다. 그런 우리가 클럽하우스에서 전혀 모르는 사람들과 함께 밤을 새워가며 대화를 나눈다고? 과연 지금 이 앱에서 어떤 일이 벌어지고 있는 것일까?

'연결'과 '단절'의 딜레마

내가 활동하고 있는 〈클럽하우스 한국 커뮤니티〉 클럽은 매일 밤 〈클럽하우스 신입생 환영회〉를 열고 있다. 새로운 유저들을 환영하면서 기본적인 사용법과 에티켓을 설명하고, 그들의 질문을 해결해주는 방이다. 이곳에서 자주 듣는 질문 두 가지가 있다.

"누군가를 블락하는 방법은 무엇인가요?"
"내가 어느 방에 있는지 타인이 모르게 하려면 어떻게 해야 하나요?"

누군가와 연결되고자 클럽하우스를 시작했지만, 이용자들이 가장 먼저 묻는 질문은 단절에 대한 것이다. 그동안 사용해왔던 다른 소셜 미디어에서 어떤 경험을 해왔는지 알 수 있는 대목이다. 우리는 모두 이 딜레마에서 이러지도 저러지도 못하는 상황에 서 있다.

"사람이 싫다, 사람이 모여 있는 곳이 싫다."
사람들의 이 말을 다음과 같이 구체화해보고 싶다.

"내가 원하지 않는 맥락에서 사람을 만나는 게 싫다."
"내가 원하지 않는 속도로 소통하는 게 싫다."
"불통의 결과로 생기는 자잘한 생채기들이 싫다."

'소통을 향한 욕망은 공허하다', '인간은 근원적으로 연결될 수 없다'는 입장을 피력하는 사람을 만날 때마다 그가 받아온 상처에 공감하면서도, 그 끝에 찾아올 '근원적 고독'을 생각하게 된다. 단 한 명이라도 자기 삶을 채워줄 사람을 운 좋게 만났다면 괜찮을지도 모른다. 또는 코드가 맞는 사람들과 작은 집단을 이루고 안정감 있게 살아가는 사람들도 행복할 수 있을 것이다. 하지만 그런 사람은 운 좋은 소수에 불과하다. 대부분의 현대인은 사람이 싫다면서도 하루를 끝내고 잠들 때마다 외로움을 느낀다. 이미 의미 있는 관계를 찾은 소수의 사람이라고 해도 상황은 비슷하다. 영원한 것이 없듯이 사람도 변한다. 의미 있는 개인과 집단도 언젠가는 사라진다. 그렇다면 우리는 또다시 나와 연결될 누군가를 찾아 나서야 한다. 인생은 이 과정의 반복일지도 모르겠다. 과연 우리는 그런 사람을 어디에서 만날 수 있을까. 나와 진정으로 연결될 사람을 만나기 위해 수많은 이를 거쳐야 하지만, 그 과정에서 겪게 될 인간이라는 공해가 두렵다. 이는 심각한 딜레마다.

편견과 소외,
우리의 불편한 자화상

소셜 미디어, 현실 세계의 모사

처음 트위터가 나왔을 때 가장 많이 들었던 비유는 '집 앞에 흐르는 시냇물'이었다. 이 물줄기를 따라 떠내려온 수많은 병이 지나간다. 그 병 안에 작은 쪽지가 들어 있다. 트위터의 타임라인을 묘사한 표현이었다. 물론 여러모로 '해상도가 낮은' 비유였지만(4K를 표현하기에는 아직 내 언어 실력이 멀었나보다) 초기 트위터의 많은 부분을 담고 있는 것은 사실이다. 저마다 중얼거리는 짧은 말들이 각자 구성한 팔로어 목록에 맞춰 물줄기를 채운다. 싸이월드는 한국의 기본 정서인 '촌수'

로 연결 거리를 수치화해 현실 세계를 반영했고, 페이스북은 특정 학교의 동문 네트워크로 시작됐다. 인스타그램은 친구 집에 놀러 갔을 때 그가 자랑하듯 보여주는 앨범에 가깝다.

이렇듯 소셜 미디어의 기본 특성은 현실 세계의 반영인데, 어떻게 그리고 무엇을 반영할지에 따라 각기 다른 속성을 지닌다. 하지만 한 가지 공통점은 영화 〈매트릭스〉를 꿈꾸며 각자의 방식으로 이 사회를 표현하기 위해 저마다의 노력을 기울였다는 점이다. 앞서 이야기했듯이 우리는 모두 누군가와 연결되고 싶어 한다. 하지만 동시에 연결 속에서 생겨나는 크고 작은 피로감과 두려움 때문에 연결을 두려워한다. 효율성을 높이는 쪽으로 발달한 뇌 덕분에 우리는 매일같이 고독감을 재확인하고 있다. 그러한 욕망을 생각한다면 소셜 미디어는 자연스럽게 탄생할 수밖에 없었던 서비스다.

소셜 미디어가 공통적으로 빠져든 함정들

카카오톡이 국내에서 첫 서비스를 시작한 2010년에 해외에서는 우버Uber와 에어비앤비Airbnb가 서비스를 시작했다. '공유경제'(sharing economy)라는 개념은 우리를 전부 연결해버리겠다는 듯이 수많은 서비스를 만들어냈고, '초연결사회'라 불리는 시대가 도래했다. 이제 우리는 전 세계 사람들과 침대와 집, 출퇴근길에 이용할 차를 공유한다. 소셜 네트워킹 서비스 역시 그 거대한 맥락 안에 존재한다. '사회적'으로 '연결되고 싶다'는 우리의 기본적인 본능에서 출발했기 때문이다. 하지만 늘 그렇듯 인간은 비슷한 실수를 반복한다.

기술이 발전하면 체험의 해상도는 올라간다. 액정 기술이 눈부시게 발전하면서 우리는 4K 시대를 살고 있다. 이미 기술적으로 8K(7680×4320의 해상도로, 가로 화소 수가 8000에 가깝다고 해서 붙인 이름) 이상도 가능하다고 점쳐진다. 하지만 해상도가 높아질수록 우리는 아름다운 자연의 선명한 풍경과 더불어 피부의 잡티까지 보게 된다. 그저 해상도만 올린다면 우리들의 본능적 욕망은 물론 근본적인 한계들까지 선명해질 뿐이다. 아쉽게도 지난 수십 년 동안 전 세계 모든 인류가 성숙한 개체로 성장한 것은 아니었다. 때문에 모든 것을 연결하는 초연결사회가 도래하자 우리의 두려움과 편견, 그로 인해 생겨난 각종 왜곡된 시선까지 함께 연결되었다. 그리고 일상생활 속에서 이러한 연결이 초래한 온갖 상처를 경험하고 있다. 가까운 친구에게서 받을 법한 상처를 이제는 불특정 다수로부터 받게 되었다. 느린 성숙과 빠른 연결이 동시에 이루어진 아픈 대가다.

다행스럽게도 인류는 어떠한 문제를 손 놓고 바라만 보는 종족이 아니다. 각 소셜 미디어는 이러한 상황에 각기 다른 방식으로 대응했다. 페이스북은 비교적 '과감한 개입'을 택했다. 성향과 입장을 중심으로 네트워크를 구성할 수 있도록 알고리즘이 개발되었다.

그 결과 페이스북 타임라인상에 보이는 사람들이 전부 나와 비슷한 사람들로 구성되었다. '좋아요'와 '슬퍼요', '힘내요'를 주고받으며 함께 분노하고 슬퍼하며 서로를 확인하고 응원한다. 동시에 인정 욕구와 동질감에 대한 갈망, 소속감에 대한 결핍이 큰 사람들은 '좋아요'를 수집하기 위해 노력한다. 그런데 만약 나의 안온한 타임라인 안에서 어떤 사람이 이질적인 모습을 보인다면? 친구를 끊거나 타임라인에서 보이지 않도록 배제하면 된다.

웹툰 작업을 하다 보면 하루 종일 좁은 작업실 안에 갇혀 있게 된다. 그래서 가끔씩은 카페 같은 열린 공간으로 지인을 불러 일할 때가 있다(코로나 사태가 터지기 전 이야기이다). 어느 날 카페에서 함께 일하던 오랜 친구가 인터넷상의 재미있는 글이 있다며 자신의 노트북 화면을 내게 보여주었다. 그의 페이스북 타임라인에서 해당 글을 보며 잠시 깔깔댄 나는 모종의 위화감을 느꼈다. 친구의 타임라인에서 본 계정들과 그것의 게시글이 종합적으로 보여주는 풍경이 나의 페이스북 타임라인과 극단적으로 달랐기 때문이다. 정치적인 성향만을 의미하는 것이 아니다. 굳이 묘사하자면 EBS 다큐멘터리를 보다가 무심코 돌린 채널에서 피 튀기는 슬래셔 무비를 보게 될 때의 느낌이랄까. 글의 정서와 분위기, 말투까지 모든 것이 달랐다.

나는 그동안 페이스북을 활용하면서 나와 비슷한 생각을 하는 사람들 위주로 타임라인을 구성하고 있음을 알고 있었다. 하지만 친구를 통해 극단적인 이질감을 겪고 나니 페이스북 알고리즘이 어느 정도까지 선명한 테두리를 그어주는지 현실적으로 체감하게 되었다.

페이스북이 일체감의 울타리를 세워주는 동안, 트위터는 최소한의 개입과 표현의 자유로 해당 문제에 정면 승부를 걸었다. 사상적으로 열린 공간 안에서 서로 논쟁하면서 생각이 생각을 밀어내도록 만들었다. 그 과정 안에서 서로가 서로를 이해시키고 설득하며 중간 접점을 찾아낼 수 있기를 바랐을지도 모른다. 만약 이용자들이 충분히 성숙했다면 트위터의 이러한 바람은 이루어졌을지도 모른다. 하지만 인류는 느리게 발전한다. 개개인의 성숙함은 인류의 진화와 함께 진행되지 않았다.

2010년대 후반부터 '조리돌림'이라는 단어는 한국의 온라인 환경 속에서 일상어가 되었다. 조리돌림은 원래 형벌의 일종이다. 조리돌림은 신체에 고통을 주거나 감금하는 일반적인 형벌과 다르다. 죄인의 신상을 모두에게 공개해 전시함으로써 의도적으로 수치심을 주는 방식이다. 인권 개념이 아직 미약했던 근대에 주로 행해졌는데, 죄인의 신체를 구속한 상태로 목에 팻말을 걸어 사람이 많은 거리나 광장에서 끌고 다니는 방법이 사용되었다. 이 용어가 온라인상에서 광범위하게 사용된 것은 트위터를 통해서였다. 초기에는 저항할 힘과 수단이 없는 약자가 공론화를 통해 문제를 해결하는 방식으로 활용되었다.

하지만 최근 트위터상에서 특정 게시글을 놓고 갈등과 분쟁이 벌어졌을 때, 해당 게시글의 링크나 캡처 이미지(짤)가 여기저기 돌아다니는 것을 볼 수 있다. 최근엔 '인알'(인용 알티)도 비슷한 방식으로 활용된다. 인알은 '여기에 붙어라'라는 식의 편 가르기를 위해 엄지를 치켜드는 행위와 같다. 인간은 두려움에 쉽게 굴복한다. 무언가가 두려워지면, 자신과 같은 입장과 생각을 가진 사람을 찾고자 주위를 두리번거린다. 그리고 비슷한 생각을 가진 사람들이 '솟아오른 엄지'를 보고 사방에서 달려든다. 그렇게 집단이 형성되면 개인 간 분쟁은 집단 간 갈등으로 확대된다. 이것은 자연스러운 일이다.

우리는 역사 속에서 비슷한 상황을 수없이 발견할 수 있다. '초연결'이 되자 같은 일이 광범위하게 확대되었을 뿐이다. 트위터의 경우 좀 더 먼저 트위터를 활용했던 사람들, 그래서 더 많은 팔로어를 보유했거나 더 많은 '자기편'을 확보한 사람들이 다른 한쪽을 몰아내는 데 성공한 것으로 보인다. 거대한 콜로세움이 완공되자 매일 누군가 끌려 나와 링크와 캡처한 이미지를 통해 조리돌림을 당하면 군중은 엄지를 뒤집어 사형선고를 내린다. 그 결과 많은 사람이 인스타그램과 틱톡, 유튜브로 이동했다.

소셜 미디어의 시대를 열어젖힌 페이스북과 트위터는 거대한 연결망으로서 각자 서로 다른 방식으로 현실 세계를 재현했다. 그 과정속에서 현실 세계의 한계와 문제를 함께 재현했다. 그리고 페이스북과 트위터가 서로 다른 방식으로 그 문제에 대처했으나 결과는 비슷했다. 나와 비슷한 사람들만으로 구성된 사회, 소속감과 안락함은 제공하지만 확장이 멈춰버린 네트워크. 초연결의 결과로 '초분절'이 생겼다.

소통 단절의 골짜기

요즘 연재하고 있는 웹툰 〈닥터 프로스트〉의 마지막 시즌에서 나는 '혐오 사회'를 다루면서 혐오와 혐오 범죄에 대한 다양한 입장과 갈등을 표현하고자 했다. 인기가 많은 웹툰이 아니기에 다행스럽게도(?) 댓글이 적은 편이지만, 간혹 흥미로운 상황이 발생한다. 서로 다른 두 입장을 가진 독자들이 (웹툰에 대해) 동시에 비판하는 상황이 그것이다. 평화롭게 만화를 즐기던 다수의 독자는 그 상황을 보며 눈살을 찌푸리겠지만, 나는 그 순간마다 영화 〈웰컴 투 동막골〉을 떠올린다. 서로 싸우던 두 진영의 군인이 격전지에서 멀리 떨어진 제3지역에서 조우하게 되면 어떤 일이 벌어질까?

영화는 아름다운 연합작전을 펼치는 것으로 마무리하지만, 아쉽게도 현실에서는 이런 일이 잘 일어나지 않는다. 그저 '다들 나와 같은 생각을 하는 줄 알았는데'에서 강제로 반걸음 떨어져 나올 때 느끼는 당혹감만 있을 뿐이다. 물론 이곳에서도 비슷한 일이 벌어진다. 제3의 장소에서 마주한 두 부류의 독자들은 자기편을 향해 엄지를 치켜들고 지원사격을 기대하며 해당 작품의 일부를 캡처해 '좌표'를 찍는다. 그러면 해당 편의 댓글 수는 평소보다 두세 배로 늘어나며 댓글 창이 격전지가 된다.

초연결사회의 결과 초분절이 발생했다. 동질감을 느끼는 사람들로만 구성된 크고 작은 덩어리가 서로 떨어져 각각 공존하게 되었다.

게시판, 커뮤니티, 소셜 미디어의 이용자별 피드가 그런 곳들이다. 그 안에서 온라인 일상을 오래 누리다 보면, 이 세계가 전혀 다른 입장과 생각을 지닌 다양한 사람들로 구성되어 있다는 감각이 조금씩 옅어진다. 머리로는 당연히 알고 있지만 피부로 늘 접하고 있지는 않기 때문에 '다양한 사람들'은 개념적으로만 존재한다. 이제 이쪽과 저쪽 사람들 사이에는 거대한 골짜기가 형성되었다. 문제는 이 골짜기다.

최근 4~5년간 혐오의 문제를 고민하고 소통 부재의 상황을 관찰하면서 거대한 무력감을 느꼈다. 마음이 맞는 소수의 사람들과의 소통에서만 성숙함을 추구해야 할까. 이미 현실 세계 속에서 대부분의 소셜 미디어는 오염되었고 타개책은 보이지 않는다.

인간이 지닌 근본적인 한계로 현실 속에서 건강한 소통이 어렵다고 해서 소셜 미디어상에서도 그래야 할까. 관건은 어떻게 현실의 일상을 최대한 그대로 소셜 미디어에 옮길 수 있을 것인가이다. 동시에 최고 수준의 외과의가 집도하는 뇌수술처럼 미세하고 우아하게 조금 더 나은 방향으로 사용자를 '넛지nudge'(부드러운 개입으로 사람들이 더 좋은 선택을 할 수 있도록 유도하는 방법) 할 것인가. 클럽하우스를 처음 체험했을 때 이 서비스를 만든 사람들의 철학과 의도에서 이 문제 해결에 대한 가능성을 느꼈다. 도대체 어떤 가능성이기에 불통의 골짜기를 메울 수 있을지도 모른다고 생각한 것일까.

말하고 듣고 공감하다

두 개의 골

사람들 사이의 골이 깊어졌다고 말한다. 골은 높낮이로 인해 움푹 파인 흔적을 말하는데, 협곡의 골짜기가 가장 익숙한 골이다. 오랜 시간 퇴적된 지층이 켜켜이 쌓여 있는 골짜기는 하루아침에 생겨난 것이 아니다. 소셜 미디어상에서 우리는 누군가를 만날 때마다 상대방의 유구한 역사가 만들어낸 지층을 본다. 그 사람에 대한 평판, 기존의 글들, 박제된 기록, 혹은 조리돌림의 상흔, 아니면 누군가를 조리돌린 흔적. 물론 나에게도 쌓인 골이 있고 상대방 역시 나의 지층을 읽는다. 이제 나와 상대방 사이에는 웅장한 협곡이 가로놓이고, 건너가려면 다리가 필요하다. 우리 중 대부분은 추락사를 감수하며 골 저편으로 향하는 다리를 놓기보다는 골의 이편에서 만나는 안전한 사람들 쪽으로 돌아선다. 언제 누군가가 그 골로 밀려 떨어질지 모르지만, 그게 내가 아니기를 바랄 뿐이다. 하지만 여기에 그와 비슷한 모양의 또 다른 골이 있다. 모양은 비슷하지만 있다가도 없는 골, 눈앞을 가로막는 거대한 장벽처럼 보이다가도 어느 순간 사라짐을 반복하는 신기한 골에 대한 이야기를 지금부터 해보고자 한다.

여행에 미쳐 여러 곳을 돌아다니기 시작했던 20대 중반, 나는 처음으로 배를 타고 큰 바다로 나가본 적이 있다. 우리가 생각하는 바다는 협소한 시야가 담아내는 극히 일부분일 뿐이다. 큰 바다로 나가면 제일 먼저 멀미에 놀라고, 그다음에는 파도의 크기에 놀란다. 우리가 흔히 생각하는 파도는 바다가 잔잔할 때 볼 수 있는 찰랑이는 파도에 가깝다. 육지와 가까운 곳의 파도를 상상하기 때문이다. 우리가 흔히 '큰 파도'라고 부르는 쓰나미는 굉장히 이례적인 일이라고 생각한다. 하지만 바다에서 발생하는 대부분의 파도는 엄청난 높이를 보여주는 큰 파도들이다. 육지에서 접할 일이 드물 뿐이다.

내가 처음 대양 한가운데에서 접한 파도들은 높이가 수 미터에서 십여 미터에 달하는 큰 파도들이었고, 그 파도들은 시야에서 수평선을 가릴 정도로 높게 솟았다가도 어느 순간 사라지고 없었다. 시시때때로 있다가도, 다음 순간 사라지는 이 파도가 내가 생각하는 또 하나의 골이다. 협곡보다 위험해 보일 수도 있지만, 인류 문명이 만들어 낸 웬만한 배 위에서 보면 그러한 파도가 생각보다 위협적이지 않다. 멀미에 익숙해지고 나면 그저 멋진 풍경으로 보일 뿐이다.

작가라는 직업의 특성상 다양한 사람을 만나고 그들의 이야기를 들으면서 살아간다. 요즘은 주로 소셜 미디어를 통해 사람들과 소통하는데, 가끔씩 갈등 상황을 마주하곤 한다. 키보드로 논쟁을 벌이거나 상대방에 대한 미움과 증오에 휩싸일 때도 많다. 그럴 때면 상대의 언행을 박제하고 '우리 편'을 모으기 위해 엄지를 치켜세우며 조리돌림을 하고 싶은 욕망이 불쑥불쑥 올라올 때가 있다. 하지만 이런 욕망을 억누르며 작가답게(사실은 치졸하게) 복수를 하기 위해 내가 그릴 다음 만화 속 악당이나 희생자, 혹은 추하게 그릴 엑스트라의 이름으로 상대방 이름을 슬쩍 가져다가 조금 바꿔서 사용할 때가 있다. 문제는 이때 발생한다. 이해할 수 없고, 이해하기 싫은 사람은 만화로 그려낼 수 없다. 설령 그려낸다 해도 평면적인 인물이 되거나 아예 만화 자체가 재미없다. 인물을 풍부하게 그리기 위해 할 수 없이 상대방에 대한 자료를 찾아 과거의 흔적들, 켜켜이 쌓인 지층을 들여다본다.

그러다 보면 높은 확률로 그 사람의 현재 모습을 이해하게 된다. 여전히 동의는 못 하더라도 그 사람이 어떤 과정을 거쳐 현재의 모습에 도달했는지 조망하게 되는 것이다. 진짜 큰 문제는 지금부터 시작된다. 이제껏 그 사람을 생각할 때마다 나를 안전하게 지켜주던 '미움'이라는 갑옷을 더는 착용하지 못하게 된다. 미움과 증오는 우리 스스로를 좀먹게 만들지만, 동시에 제일 안락한 심리적 갑옷이다. 그 사람을 알려 하지 않을수록 튼튼해지고, 이해하게 될수록 흐물흐물해진다. 결국 인간에 대한 이해의 폭은 넓어지지만 스트레스도 커진다.

왜냐하면 그 순간 나는 생존을 위해 발달시킨 편견이라는 도구를 쓰지 못하게 된 셈이기 때문이다. 물론 나는 작가라는 직업적 특성상 어쩔 수 없이 이해의 폭을 넓히는 '골짜기 건너기'를 일상 속에서 자주 행해야만 했을 뿐이다. 그 대가로 혼자 있는 시간을 확보하고 사람에게서 멀어져야 하는 시간을 마련해야 했다. 따라서 모든 사람에게 이 방법을 권할 수는 없다.

다만 이런 과정 속에서 한 가지 얻은 것이 있는데, 내가 사람들 사이를 협곡이 아닌 파도로 바라보며 살아가게 됐다는 것이다. 지금 이 순간 저 사람과 나 사이에는 골이 있지만, 다음 순간 그 골은 사라진다. 정치적인 입장에 대해 논쟁할 때는 그 사람과 나 사이에 그랜드캐니언 같은 협곡이 눈앞을 가로막는다. 하지만 대화 주제가 플레이스테이션 게임이나 즐겨 보는 웹툰으로 옮겨가면 어느새 우리는 같은 자리에 서 있게 되고 골은 어디론가 사라진다. 곰곰이 생각해보면 우리가 처음 사회에 나가 타인과 관계를 맺을 때 경험했던 '관계의 근원'은 이런 모습을 하고 있었다. 골은 있다가도 없어지고, 커지다가도 작아진다. 그러한 가변적인 골을 협곡처럼 굳히는 것은 바로 우리 자신이다. 이런 방식으로 우리가 나이를 먹다 보면, 우리는 대개 누군가에 대해 이미 알아본 후 '내가 알고 있는 상태'로 상대방을 만난다. 하지만 원래 우리가 맺어온 관계들은 어떤 사람을 알아본 후 만나는 것이 아니라 만난 후에 알아가는 것에 가까웠다.

그리고 클럽하우스가 이러한 '관계의 원형'을 재현하기 위해 우리에게 제공한 것은 아이러니하게도 정보의 더하기가 아닌 빼기였다. 나는 이것을 '협소맥락을 통한 관계 체험의 리셋'이라고 부르고 싶다. 지금부터 정보의 빼기가 어떻게 관계의 골짜기를 건널 수 있도록 도와주는지 알아보자.

관계에 있어서의 '언캐니밸리'

'언캐니밸리uncanny valley'는 로봇공학 분야의 용어로, '불쾌한 골짜기'라 불리는 현상이다. 1970년 일본의 로봇공학자 모리 마사히로에 의해 처음 소개된 이 용어는, 인간이 로봇을 마주할 때 우리에게 벌어지는 한 가지 현상을 설명하는 용어로 사용된다. 로봇이 점점 더 인간과 비슷한 형상이 될수록 그것에 대한 우리의 호감도는 증가한다. 예컨대 로봇 청소기는 가전제품으로 인식되지만 기술의 발달로 청소기 외형이 인간과 유사한 모습으로 변하면 우리의 호감도가 올라가 애정을 느낀다는 의미다. 하지만 인간을 닮은 정도가 어느 지점을 넘어서면 강한 거부감이 발생하면서 심한 경우 혐오감까지 느끼

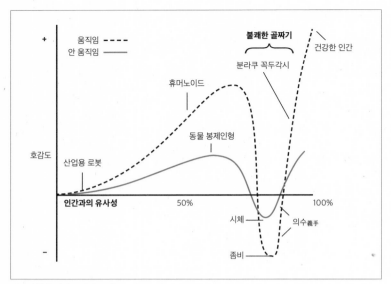

언캐니밸리 설명을 위한 그래프.

언캐니밸리를 대표하는 AI 로봇 '소피아'.

게 된다. 그러다가 로봇과 인간과의 구별이 거의 불가능한 정도에 이르면 그 로봇에 대한 호감도가 다시 수직으로 상승해 인간에게 느낄 수 있는 감정의 수준까지 도달한다. 이때 '인간과 비슷한' 로봇과, '인간과 거의 똑같은' 로봇 사이에 존재하는 불쾌감의 영역을 '언캐니밸리' 또는 '불쾌한 골짜기'라고 부른다.

이는 게임 그래픽이나 만화에도 적용된다. 게임에 있어서 투박한 그래픽은 오히려 게이머의 몰입이나 이입을 도와 애정까지 느끼게 할 수 있다. 하지만 컴퓨터그래픽스(CG)의 발달로 인간을 보다 실감나게 모델링할 수 있게 되면서 종래의 게임 속 투박한 인물들이 그려내는 '어설픈 리얼함'을 불쾌하게 느끼기 시작했다. 그리고 그래픽 기술의 발달로 가상과 현실의 구분하기 어려운 수준까지 도달하게 되면서 게임 업계가 이 불쾌한 골짜기를 넘어섰다고 평가하고 있다.

만화 산업의 영역에서 보자면, 세계적인 만화 이론가 스콧 맥클라우드Scott McCloud가 《만화의 이해》에서 언급한 '탈바가지 이론'에서 비슷한 현상을 발견할 수 있다. 디즈니의 미키마우스처럼 단순화된 캐릭터에는 사람들이 쉽게 이입하고 애정을 느끼지만, 현실적인 그림체로 묘사할수록(정보가 많아질수록) 사람들은 점점 그 인물을 '타인'이나 '악역'으로 인식한다는 내용이다. 맥클라우드의 언급을 반영하듯, 일본의 수많은 만화책과 한국의 웹툰 작품에서도 주인공을 좀 더 기호적으로 묘사하고 악당은 사실적으로 묘사하는 기법이 발전해왔고 지금도 흔하게 사용되고 있다.

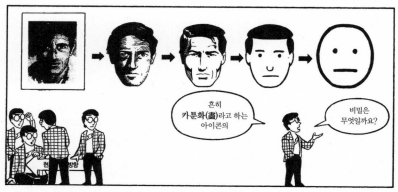

스콧 맥클라우드의 《만화의 이해》(비즈앤비즈, 2008. 37쪽) 속 카툰화 과정.

엄밀히 말해서 '불쾌한 골짜기' 이론은 과학적 모델이 아니라 일련의 현상을 관찰하며 세운 가설에 가깝다. 하지만 이 이론은 우리가 세상을 바라볼 때 반복해서 발견하는 몇 가지 현상을 흥미롭게 설명해준다.

'TMI'는 '투 머치 인포메이션too much information'의 줄임말로, 좋은 의미로는 잘 쓰이지 않는다. 보통 상대가 궁금해하지 않을 법한 이야기를 필요 이상으로 자세하게 말할 때 쓰며, 비슷한 맥락에서 '안물안궁'('안 물어봤고 안 궁금하다'는 말의 줄임)이란 단어도 한동안 자주 쓰였다. 이 단어들의 공통점은 너무 많은 정보, 즉 '과맥락'을 부정적으로 표현한다는 점이다. 우리의 내면 깊은 곳에서는 늘 우리의 생존을 도왔고 인류 문명의 토대가 되어준 편견이 언제나 맥락 안에서 작동한다.

그리고 기존의 소셜 미디어상에서 우리가 인간관계를 맺을 때, 이런 맥락은 보통 매우 많은 정보를 담고 있다. 아이디나 프로필의 의미, 그동안 이 계정이 누적시킨 수많은 지층은 자연스럽게 상대방과 나 사이에 골을 만들어낸다. 우리는 이 골이 얼마나 깊고 견고한지 생각해볼 틈도 없이, 삶의 경험과 인간관계 속에서 얻은 두려움 때문에 반사적으로 방어막 뒤에 숨어 서로를 마주한다. 즉, 현재의 초연결 사회 속에서 우리가 체험하는 온라인상의 인간관계는 대부분 과맥락으로 발생한 '관계의 언캐니밸리'에 위치한다. 이 단계를 넘어서면 아마도 텔레파시의 시대가 오지 않을까 싶을 만큼, 사람들은 서로에 대한 편견을 작동시킬 충분한 양의 정보와 맥락 속에서 온라인 생활을 영위하고 있다. 그렇다고 해도 우리 안의 편견을 지우는 것은 불가능하다. 방법은 하나다. 인간이 태어나서 아직 움츠러들기 전, 호기심과 호의를 가지고 서로를 처음 마주했을 때와 같은 관계의 원형을 추체험하기 위해서는 '협소맥락', 즉 모두가 지나치게 적은 정보 안에서 모여야 한다.

'알고 만난다'와 '만나서 알아간다'의 차이

처음 클럽하우스를 사용하게 되면, 두리번거리며 이 방 저 방을 돌아다니게 된다. 이 앱이 과연 어떤 느낌인지 분위기를 익힌다. 방에서 이야기하는 사람들에게 귀를 기울여보기도 하고, 주변에 보이는 다른 사람의 프로필을 눌러보기도 한다. 그러다가 누군가가 자신을 스테이지로 초대하면 화들짝 놀라며 방에서 나간다. 아직은 많은 것이 두렵다. 앞선 다른 소셜 미디어 이용 기억이 나의 지층 곳곳에 누적되어 있기 때문이다.

그러다 밤 9시 30분에 갑자기 많은 사람이 모여 있는 〈클럽하우스 신입생 환영회〉라는 방을 보게 되면 그 이름에 호기심이 생겨 들어간다. 내 작은 프로필 상하좌우로 모르는 사람들의 얼굴이 뜨고, 그들은 무언가를 이야기하고 안내하고 환영해준다. 목소리만 들릴

뿐, 보이는 것은 사진 한 장과 이름이 전부이다. 신입생 환영회, 신입사원 술자리, 멤버십 트레이닝, 오리엔테이션 등 우리는 이와 비슷한 것을 뭐가 됐든 한 번쯤은 경험한다. 서로를 모르지만 두려움과 비슷한 감정의 호기심, 약간의 설렘과 기본적인 호의로 서로에게 다가섰던 기억, 인간관계의 원체험까지. 물론 사람에 따라 정도의 차이가 있으므로 스피커로서의 참여가 늦거나 빠를 수 있지만, 〈지금까지 듣기만 했던 사람들 입 터지는 방〉처럼 스피커로서의 첫 체험을 편하게 할 수 있도록 안내하는 곳도 있다.

복도와 방들, 그리고 내키지 않으면 듣기만 할 수도 있는 방 내부 디자인. 클럽하우스의 이러한 교묘한 'UX 디자인'(user experience design, 사용자 경험 디자인)이 안내하는 대로 따라가다 보면, 아이러니하게도 이러한 협소맥락이 우리를 두려움이 아닌 호기심으로 이끌고 있다는 신비한 체험을 하게 된다. 이 과정은 우리가 항상 가지고 있던 '상대를 알고 있다'는 착각을 과감하게 부수고 관계 맺음의 과정을 리셋하게 만든다. 물론 단순히 '정보를 제한한다'는 속 편한 방식하나로 이 모든 것이 이루어지는 것은 아니다. 이러한 '관계 맺음의리셋' 과정에는 여러 요소가 부가된다.

이미 클럽하우스를 이용해온 영미권에서는 〈소셜 소사이어티〉나 〈커뮤니티 클럽〉이라는 자생적 클럽이 형성되어 있다. 이곳에 속한 많은 이용자가 봉사자처럼 새로운 사용자를 환영하고 안내하고 있다. 한국에서는 〈클럽하우스 한국 커뮤니티〉가 이 역할을 하고 있다.

이러한 커뮤니티 클럽은 클럽하우스 본사나 본사에서 주최하는 〈타운홀미팅〉과 서로 협력해가며 '문화'를 만들어가기 위해 노력 중이다. 앱 내의 각종 UX 디자인뿐 아니라 서비스 업데이트의 방향 역시 마찬가지다. 내가 클럽하우스에서 뭔가 불편함을 경험하면 어김없이 다음 업데이트 릴리즈에서는 그 부분이 개선되어 있다. 이러한 업데이트는 신속한 서비스 개선에 대한 감탄을 넘어 모종의 메시지를 느끼게 한다. '사람과 연결되어라', '거짓을 연기하는 것은 의미 없다'는 메시지 말이다.

다소 순진한 생각일 수도 있지만, 나는 인간의 근본적인 한계를 인정하는 동시에 근본적인 선의도 인정하고 싶다. '인간이라는 존재는 근본적으로 선한가, 또는 악한가'에 대한 이야기가 아니다. 당연히 인간은 멋진 면과 추한 면을 가진 복합체다. 다만 이 세 번째 방의 서두에서 우리가 가진 근본적인 한계를 근거로 소통의 어려움을 이야기한 만큼, 그 반대편 역시 충분히 인정할 필요가 있다는 뜻이다.

한국 커뮤니티 운영진으로서 받는 다양한 질문들을 보면 놀랍게도 '내가 누군가에게 피해를 끼치고 있을까 두렵다', '클럽하우스에서 통용되는 기본적인 에티켓은 무엇인가', '내가 지금 모더레이팅을 잘하고 있을까', '내가 운영하는 방의 인원들이 즐거웠으면 좋겠다'는 질문과 걱정들이 다수를 차지한다. 일부러 왜곡된 시선으로 '다 자기들이 얻는 게 있으니까 그렇지'라며 위악을 드러내고 싶지는 않다. 대다수의 사람은 잘 디자인된 환경 속에서 서로 자연스럽게 마주할 경우, 상대에게 해를 끼치고 싶어 하지 않는다. 즐거움을 원하는 우리는 함께하는 상대방이 즐거울 때 당연히 나의 기분도 좋아진다. 우리는 두려움이 촉발하는 편견을 가지고 있으나 선의의 연결을 추구하는 욕망과 공감의 욕구도 함께 가진 복합적인 존재다. 관건은 클럽하우스 서비스가 어떤 측면을 더 살려주느냐에 달려 있다.

관계 맺음의 리셋

클럽하우스 이용 첫 주째, 나는 이 방 저 방을 돌아다니다가 어떤 한 방에 정착했다. 사람들은 매력적이었고 대화도 잘 통했다. 즐거운 대화 주제가 이어졌다. 한 사람 한 사람의 프로필을 '탭' 해서 읽어보고 부지런히 팔로우를 했다. 얼굴도 모르는 사람들과 이렇게 즐거운 대화를 하는 것이 신기했다. 그러다 갑자기 나는 이 사람들이 소중하다고 느꼈다. 참으로 우스운 이야기지만 솔직한 심정이었다. 나 외에 대부분의 사람도 비슷하게 느끼고 있음을 깨달았다. 아무도 그 방을 닫는 것을 원하지 않았기 때문이다. 방이 지속되다 보면 하루 이틀이 훌쩍 넘어가기도 한다. 방의 운영자인 모더레이터가 'End Room'을 누르지 않고 며칠이 지났다. 중간중간 멤버들이 잠을 자러 가거나 현실 속 업무를 하기 위해 나갔다가도 이내 곧 돌아왔다.

그러던 중 이 방이 닫히지 않게 하기 위해 누군가는 '지켜야 한다'는 이상한 분위기가 생기기 시작했다. 그렇게 일주일 가까운 시간이 지났을 무렵, 결국 그 방은 닫혔다. 아쉬움과 슬픔도 잠시, 곧 한 가지 깨달음을 얻었다. 그 방에서 대화를 나누고 서로를 팔로우했던 사람들을 '복도'라 부르는 피드에서 수시로 마주칠 수 있었기 때문이다. 클럽하우스는 방이 아니라 사람이 중요하다는 첫 번째 깨달음을 얻은 순간이었다. 만남이 즐거웠다면 서로가 팔로우하면 되고, 맞팔을 했다면 반드시 다시 만날 수 있었다.

클럽하우스 초창기에는 이렇게 오랜 시간 닫히지 않고 유지되는 방이 많았다. 이건 무엇을 의미할까. 그 방에서 대화가 잘 통하고 마음이 맞는 사람들을 만난 것이 나를 포함한 모두에게 놀라운 체험으로 인식됐다는 뜻이다. 협소맥락 안에서 서로를 모르는 우리는 순수한 대화를 통해 즐거운 인간관계를 발견했고, 그것이 굉장히 놀라웠던 나머지 방을 끝내는 게 아쉬웠던 것이다. 그래서 'End Room'을 누르는 데 적잖은 용기가 필요했던 것이고.

가끔 현실 속 유명인이 클럽하우스에 등장하면 아주 큰 방이 형성되곤 한다. 수백 수천 명에 달하는 인원으로 북적이는 그 방에서 나는 흥미로운 관찰을 할 수 있었다. 바로 협소맥락과 과맥락의 관계가 클럽하우스에서 어떻게 작용하는지에 관한 것이다. 현실 속의 유명인은 과맥락을 지니고 있다. 그가 어떤 활동을 하는 어떤 사람인지 클럽하우스의 다른 유저들은 모두 알고 있다. 그 과맥락을 지닌 유명인과 직접 대화를 나눠볼 수 있다는 기회 덕분에 많은 사람이 몰리지만, 그런 방이 한두 번 반복되고 나면 극명하게 다른 두 가지 상황이 벌어진다. 인간 대 인간으로 즐겁고 유쾌한 대화가 이어지지 않는다면 그 유명인은 그가 신기해서 찾아오는 몇 명만을 만나게 될 뿐이다. 이내 방의 인원은 크게 줄어들 것이고, 어쩌면 그 유명인은 자존심에 상처를 입고 클럽하우스를 떠날지도 모른다.

하지만 현실의 유명세와 무관하게 직접 나누는 대화가 진정성 있는 관계를 만들어준다면, 그는 현실의 맥락에서 벗어나 클럽하우스 안에서 새로운 의미의 존재가 된다. 래퍼 사이먼 도미닉, 가수 호란(@zihadahl)과 미미 시스터즈(@mimi_bigg)가 그러했다. 오히려 협소맥락 덕분에 그들은 이곳에서 유명인이 아닌 한 개인으로서 존재할 수 있었다. 하지만 그런 사람들을 고깝게 보고 그들의 방에 일부러 들어가지 않거나 그들과 대화를 나눠보지 않은 사람들에게는 여전히 현실 속 유명인에 불과하다.

종종 현생의 직업과 무관하게 자기소개를 하는 콘셉트의 방을 만난다. 사람들은 협소맥락 안에서 자신을 표현할 수 있는 말을 골라 쓰며 스스로를 이해하는 시간을 갖는 것은 물론, 그렇게 적은 조각으로 서로를 알아나간다. 현실에서 어떤 대기업에 다니는지, 얼마를 버는지, 얼마나 영향력 있는 사람인지를 어필하는 사람들은 이러한 방에서 오히려 겉돌게 되고 진정한 자신으로 관계를 형성하는 데에도 어려움을 겪는다.

마술사 최현우(@magicianchoi) 님과 한 무리의 사람들이 시간을 보냈던 방이 있다. 나는 웹툰 원고를 마감하며 새벽까지 그 방에 머물렀다. 진솔한 이야기가 오갔다. 서로 무슨 일을 하는지, 어떤 삶을 사는지, 요즘 고민은 무엇인지, 클럽하우스에서의 신기한 체험을 공유하며 시간이 흘러갔다. 그러다가 최현우 님이 소리만으로 즐길 수 있는 놀라운 마술을 우리에게 선사했다. 그 자체로도 신나는 경험이었지만, 잠시 후에 나는 큰 충격을 받았다. 오랜 시간 대화를 나눈 방의 멤버들 중 한 사람이 이렇게 말했기 때문이다. "나, 태어나서 처음 마술을 경험했어." 그 사람은 시각장애인이었다. 나는 그 사람이 시각장애인인 줄도 모르고 그와 여러 시간 긴 대화를 나누었다. 그런 협소맥락은 나와 그 사람의 대화 폭을 좁히기는커녕 무한히 확장해 주었다.

만약 나에게 상대가 시각장애인이라는 정보가 있었다면, 그와 대화로 진솔하게 묻고 나눴던 것들 중 절반 이상을 나 스스로 피했을 것이다. 나는 지금 클럽하우스에서 그 어느 때보다 많은 수의 시각장애인 친구와 대화를 나누고 있다. 그들로 인해 나의 삶은 명료하게 확장되고 있다. 이것은 소통의 개선이나 혁신이 아닌 리셋, 즉 원점을 찾은 것이다. 원래 우리는 이러한 방식으로 서로를 만나고 알아갔다. 먼저 알아본 후 내가 원하는 모습으로 포장된 상대를 만나거나 배제하는 것이 아니라, 만남 이후에 상대를 알아갔다.

클럽하우스, 삶의 모사가 아니라 삶의 확장이 되려면

나는 최근 5~6년 동안 근본적인 무력감에 빠져 있었다. 온라인상에서 마주치는 많은 사람이 상대를 궁금해하기보다 미워하기를 선택하고 있다. 소통의 가능성이 점점 줄어들고 있다는 강력한 증거들이 계속 나왔고, 이를 부추기는 요인들 역시 늘어나고 있다. 기존 소셜 미디어 서비스는 이미 오염되어 있어 건강한 소통의 가능성이 요원해 보였다. 그런 상황에서 클럽하우스를 만났다. 공교롭게도 나는 새로운 무언가가 열리는 낯선 곳의 시작점에 직접 들어서 있다는 사실을 직감했다. 어쩌면 서비스 초반이기에 가능할 수 있는, 몇 가지 문화의 형성을 목도할 수도 있겠다는 막연한 느낌을 받았다.

이 세상에서 인류가 동시에 사라지는 상황을 가정한 후, 어떤 일이 벌어질지를 보여주는 흥미로운 다큐멘터리가 있었다. 내용의 면면이 모두 재미있었지만 가장 인상적이었던 것은 인류가 만들고 가꿔낸 문명의 흔적이 '얼마나 빠른 속도로 자연에 삼켜지는가'였다. 제초 작업을 해본 사람은 풀이 정말 빨리 자란다는 걸 잘 안다. 잠시만 잊고 지내도 자연은 압도적인 존재감을 드러낸다. 문명에 국한시켜 보면, 우리가 자연스럽다고 표현하는 상황은 사실 자연스럽지 않다. 진정한 자연스러움은 인간의 흔적과 문명의 궤적을 우습게 지워버린다. 그 다큐멘터리를 통해 어떠한 상황을 자연스럽게 유지하려면 부단한 관리와 관심이 필요하다는 것을 깨닫게 되었다.

클럽하우스 초창기에 겪은 체험이 신기할 정도로 즐거웠기 때문에, 나는 자연스럽게 이런 분위기와 문화가 사라질까 두려웠다. 시간이 지나면서 '이상한 이용자가 늘어나면 어쩌지', '자본에 의해 클럽하우스가 변질되면 어쩌나' 하는 걱정이 들기 시작했다. 지금 생각하면 참으로 우스운 일이다. 세계적으로 뜨고 있는 핫한 서비스의 운영을 걱정하다니. 그런데 이렇게 걱정하는 사람이 나뿐이 아니었다. 내 복도에 보이는 방들 중 절반 이상이 그러한 이야기를 나누고 있었다. 어떻게 해야 이런 분위기와 문화를 유지하고 이어갈 수 있을 것인지 수많은 사람이 자발적으로 토론하고 의견을 내고 있었다.

이건 도대체 무슨 상황인가. 그 어떤 서비스 콘텐츠가 사용자로 하여금 이렇게 움직이도록 만들 수 있는 거지? 그러다 나는 이런저런 인연 덕분에 커뮤니티 문화에 직접적으로 기여할 수 있는 〈클럽하우스 한국 커뮤니티〉 운영진이 되었다. 이곳에 모인 사람들 모두 바쁘게 현생을 살아가고 있음에도 시간을 들여가며 자신이 클럽하우스에 기여할 수 있는 방법을 고민한다. 그중에서 나는 '모더레이팅 문화'에 대해 고민하고 있다.

어린 시절 초등학교를 다섯 군데나 다녔다. 거의 매년 전학을 다닌 셈이다. 어린 나이에 이런 경험이 잦을수록 주변 사람들의 눈치를 살피는 성인으로 성장하기 쉽다. 대학생이 되어 처음 술자리에 참석했을 때, 내가 이 술자리를 재미없어 하는 사람은 누구인지, 용기가 없어 대화에 끼지 못하는 사람은 누구인지, 상처를 받거나 화가 나 있는 사람은 누구인지를 세세하게 살피고 있다는 사실에 놀랐다. 그 다음에는 나 이외에 그 누구도 그것에 관심이 없다는 사실에 한 번 더 놀랐다. 나는 어느 자리에 있든 함께하는 이들이 그 시간을 어떻게 보내고 있는지 자연스럽게 살피는 사람이 되었다. 나쁘게 말하면 삶을 피곤하게 사는 셈이지만, 좋게 말하면 나의 삶 자체가 모더레이터로서의 일상이었다는 뜻이기도 하다.

첫 번째 방에서 신영선 님이 강조했듯이, 모더레이팅은 클럽하우스 문화의 핵심 중 하나다. 나는 사람들과 좋은 모더레이터란 어떤 존재인지에 대해 의견을 나누고, 포럼을 운영하고, 노하우를 공유함으로써 클럽하우스 문화 형성에 기여하고자 한다. 중요한 것은 자신이 가진 것을 활용해 커뮤니티 문화에 기여하고 있는 사람이 수없이 많다는 사실이다. 이들은 모두 '내가 겪은 좋은 체험을 유지하고 싶다'는 순수한 의도로 움직이고 있다. 그리고 클럽하우스 서비스가 이러한 자연스러운 의도를 강화하는 방향으로 유지된다면 초연결이 초분절로 귀결되는 것이 아닌 다른 결론을 보여줄 가능성이 크다.

'마법의 가을'이 아니기를 바라며

클럽하우스가 아무것도 바꾸지 못할 수도 있다. 클럽하우스를 오가는 사람들이 앞선 실수를 반복함으로써 이 서비스가 그저 소셜 미디어의 또 다른 형태로 잠깐 주목을 끄는 데 그칠 수도 있다. 잘못된 서비스 관리로 우리가 원래부터 가지고 있던 한계를 또다시 증폭시킬 수도 있다. 사람들이 왜곡된 시선으로 서로를 마주하며, 방마다 얇은 동질감에 취한 사람들끼리 모여 또다시 누군가를 혐오하고 공격하는 장소가 될 수도 있다. 하지만 클럽하우스라는 새로운 형태의 사회적 연결망을 접한 우리는 조금 특수한 상황에 놓여 있다. 초연결이 초분절로 귀결된 경험을 우리 대부분이 이미 학습한 상태다. 그 학습이 충분한지 아닌지는 아직 알 수 없다.

하지만 클럽하우스를 한 달간 체험한 결과, 나는 수십 년 만에 처음으로 모르는 사람들끼리 서로 두려움이 아닌 호의로 다가가는 마법 같은 순간을 일상처럼 목격했다. 그리고 클럽하우스 개발자와 관리자들은 이 모든 상황을 알고 있는 듯하다. 그들은 이용자들로 하여금 본래 자신의 모습으로 서로 진정성 있는 관계를 만드는 게 가능하도록 디자인과 서비스를 업데이트하며 조금씩 등을 떠밀고 있다.

한국을 대표하는 소설가 이영도의 초기작인 《드래곤 라자》에 '마법의 가을'이라는 개념이 등장한다. 누구나 인생에서 딱 한 번 마법 같은 체험을 주는 가을을 겪는다는 설정이다. 그 시기 동안 등장인물은 대단한 위업을 이루고 인생의 목표를 달성하고 삶을 완성해주는 누군가를 만나기도 한다. 그 시기는 한 번 지나면 다시는 오지 않을 마법 같은 계절이다. 과연 우리가 서로를 그리워하는 동시에 두려워하는 지금 이 시점에서 마주한 클럽하우스가 우리에게 마법 같은 계절을 얼마나 오래 선사하고 끝나게 될까. 수년이 흐른 뒤에 클럽하우스를 기억하는 사람들은 초기 몇 개월 동안의 경험을 떠올리며 신비로운 경험이었다고 추억하게 될까, 아니면 그때까지도 새로운 누군가와 대화를 나누는 곳으로 남아 있을까.

클럽하우스
비즈니스 스쿨

클럽하우스가 한국을 포함, 여러 국가로 빠르게 전파되면서 많은 사람들이 마케팅 채널로서의 성장 가능성에 대해 큰 궁금증을 가지고 있다. 오늘날 우리는 페이스북, 인스타그램, 카카오톡 등을 이용하며 '소통'의 채널이 어떻게 개인과 기업의 마케팅·브랜딩에 활용되는지를 매일 경험하고 있다. 지식, 정보, 생각의 교환이 일어나는 플랫폼이라면 어디든 마케팅과 브랜딩 채널로의 활용이 가능하기 때문이다.

〈특별한 방 Ⅲ: 클럽하우스 비즈니스 스쿨〉에서는 지금까지 클럽하우스를 이용하며 가설적으로 생각해본 '클럽하우스의 마케팅·브랜딩 활용 방안'에 대해 함께 생각해보고자 한다.

신호상(Tony Shin) CMO의 클럽하우스
프로필 화면.

기업은 클럽하우스를 새로운 마케팅과 홍보의 채널로서 활용할
수 있다고 보는가?

유튜브 등의 동영상 기반 플랫폼의 급속한 성장과 페이스북과 같은 소셜
미디어의 지배력 증가로 많은 기업이 마케팅 예산의 큰 비중을 이들 디지
털 채널에 집행하고 있다. 디지털 채널에 대한 광고 수요의 증가는 매년,
매월 디지털 지면의 광고 단가를 지속적으로 상승시키고 있는 것이 광고

시장의 현실이다.

광고 효율성 지표인 'ROAS'(return on advertising spend, 광고비 대비 매출액) 극대화를 위해 오늘도 많은 마케터가 저비용 고효율 채널을 찾아 헤매고 있을 것이다. 정밀하게 실시간으로 광고 효율 및 효과 측정이 가능한 고도화·자동화된 '광고 기술'(advertising tech)을 활용해 마케팅 예산 효율을 달성하는 것을 '퍼포먼스 마케팅'이라 하는데, 최근 많은 기업이 특히 이 영역을 집중적으로 강화하고 있다.

광고 효율성 및 효과성 측정의 궁극적인 목표는 단순히 광고 노출의 횟수나 빈도 측정이 아닌, 광고에 노출된 타깃 고객이 '제품·서비스에 대한 마음과 태도에 변화를 보였는가?'에 있다. 제한된 마케팅 예산을 집행하는 마케터는 늘 이러한 고객의 변화를 알고 싶어 하고 고객과의 밀접한 소통을 통해 이를 지속적으로 확인하고 싶어 한다. 하지만 현재의 디지털 채널들과 고객 간의 '소통' 사이에는 물리적·시간적 장벽이 존재한다. 그런데 우리 눈앞에 24시간 내내 실시간으로 고객과 일대일 음성 소통을 할 수 있는 플랫폼이 등장했다. 그것이 바로 클럽하우스다.

클럽하우스라는 새로운 플랫폼의 급속한 성장은 현재는 나비의 날갯짓에 불과하지만 머지않아 큰 태풍으로 기업의 마케터들에게 다가올 가능성이 있다.

클럽하우스의 '살아 있는 목소리', '실시간 소통'의 특성으로 기존 소셜 광고 채널에서 부족했던 '진정성'과 '신뢰성' 확보가 가능하다. 소셜 미디어에 들어가보면 모든 페이지에 다양한 유료 광고가 등장하고 있음을 알 수 있다. 특히 'XXX 베게', 'XXX 다이어트 보조제' 등의 실제 사용 경험담을 이야기처럼 제공하는 형식의 광고는 등장 초기에는 큰 성공을 거두었다.

그러나 이러한 설득력 있어 보이는 광고도 양적 증가로 소셜 미디어 이용자의 피로도가 많이 쌓인 상태다.

디지털 광고의 최종 목표는 광고 하단에 연결된 제품 설명 페이지 또는 구매 페이지로 고객을 이동시켜 최종 결제 버튼을 클릭하게 만드는 데 있다. 이러한 고객의 구매 의사 결정 단계에서 다음 단계로 전환하는 데의 핵심은 구매에 대한 확신 및 판매자와의 신뢰도 구축에 있다. 클럽하우스에서 구축되고 있는 스피커와 리스너 간 목소리 기반의 진정성 있는 소통 채널이 마케팅과 브랜딩에 사용될 수 있는 이유도 바로 이러한 신뢰도 구축에 있다.

우선 클럽하우스에서는 고객의 궁금증에 대해 실시간으로 기업 또는 판매자가 구체적이고 즉각적 답변을 하는 게 가능하다. '믿을 수 있을까?', '실제로도 좋을까?' 등의 제품·서비스에 대한 궁금증이 해결됐을 때 고객은 확신을 얻게 되고 구매로 이어질 확률이 높다. 현실적으로 네이버, 쿠팡 등의 전자상거래 플랫폼에서 제품에 대한 궁금증을 해결하기 위해서는 '일대일 상담' 채널을 통해 보통 하루 정도는 기다려야 원하는 답을 받을 수 있다.

클럽하우스에서 실제 제주도에 거주하는 판매자가 방을 만들고 감귤의 상태와 크기, 당도 등에 대해 실시간으로 질문과 답변을 주고받음으로써 구매자와 신뢰성을 구축하는 장면을 본 적이 있다. 댓글이나 이메일을 통한 답변이 가지는 시간적 제약을 극복하는 한편, 판매자의 목소리로 직접 전달하는 '진정성' 있는 정보를 통해 짧은 시간 안에 감귤 구매 링크로 안내할 수 있었다. 실시간 소통에 기반한 판매 방식은 최근 유통업계의 가장 큰 화두인 '라이브 커머스' 채널과 닮았다. 라이브 커머스는 구매자와 판매자가 실시간 영상으로 소통하며 제품을 구매하고 파는 방식이다.

이미 세계 최대 규모의 라이브 커머스 시장을 구축한 중국에서는 '왕홍 网红'을 중심으로 한 실시간 소통 기반 마케팅이 대세다. 소셜 미디어상의 인플루언서를 뜻하는 왕홍은 과거에는 기업의 제품 마케팅에 간접적으로 활용되었지만, 이제는 제품 소싱sourcing을 하고 판매함으로써 유통업계의 새로운 판매자로 떠올랐다.

클럽하우스 또한 라이브 커머스와 같은 방식을 통해 실시간 소통 기반의 판매 플랫폼으로 빠르게 진화할 수 있다. 현재 클럽하우스 내에서는 사진과 영상의 직접적인 공유가 불가능하지만 인스타그램 등의 외부 플랫폼과 연계한다면 문자 기반의 소통이 대부분인 라이브 커머스에 비해 '신뢰성' 구축에 훨씬 더 유리하다. 이러한 관점에서 클럽하우스가 신뢰감 있는 소통을 통해 '가망고객可望顧客'(잠재고객)을 확보하여 타 판매 채널로 연결하는 관문이 될 수 있다. 아직까지는 클럽하우스가 광고나 마케팅 차원에서 별도의 비용을 요구하지 않는 만큼 무비용 고효율 마케팅이라는 관점에서도 매력적인 채널임에 분명하다.

기업 임원들의 목소리를 통해 '진정성' 있는 브랜드 철학과 스토리의 소통이 가능하다. 얼마 전 일반 대중을 상대로 국내 선도 카드 회사의 CEO와 실시간으로 그 회사의 브랜드 스토리와 철학, 전략에 대해 소통할 수 있는 방이 열렸고, 무려 7천 명이 넘는 사람들이 참여했다. 이 밖에 여러 회사의 임원들이 클럽하우스에서 다양한 주제로 방을 열고 대중과의 소통에 적극적으로 참여하고 있다. 실시간으로 만나기 힘든 유명 기업 임원의 솔직한 이야기를 듣는 것뿐 아니라 질문을 하고 구체적인 답을 들을 수 있다는 것은 클럽하우스 외에서는 느낄 수 없는 매력이자 새로운 경험이다.

최근 테슬라가 보여준 무서운 성장세와 주가의 고공 행진 이면에 CEO인 일론 머스크의 브랜딩, 마케팅 효과가 확실히 작용한다고 생각한다. 일론 머스크의 한마디에 주식시장이 요동치는 것은 물론, 투자자들은 그의 발언에 주목하며 테슬라 제품을 구매하고 테슬라 주식을 매수하고 있다(요새는 심지어 암호화폐 시장에도 영향력을 행사하고 있다). 일론 머스크와 테슬라의 사례는 앞으로 기업 임원도 브랜딩 및 마케팅 실행자이자 전달자로서의 역할을 적극적으로 수행해야 함을 시사한다.

대중적인 인기를 반영하듯, 페이스북 CEO인 마크 저커버그와 테슬라 CEO인 일론 머스크를 비롯해 글로벌 기업의 임원들이 클럽하우스에 모습을 나타내고 있다. 유명 CEO의 등장에 매번 여지없이 클럽하우스 서버가 마비되는 진풍경이 펼쳐졌다. 이들 CEO들은 클럽하우스에서 회사의 현재 전략, 미래 전망 등을 공유하며 회사의 철학과 스토리를 진정성 있는 실제 육성으로 전달하였다. 한국에서도 소셜 미디어 스타로 유명한 유통 그룹사의 CEO가 클럽하우스에 깜짝 등장하였다. 대중이 궁금해했던 기업 관련 질문을 비롯해 CEO 개인에 대한 질문에도 솔직한 답변이 오갔고 참여자들은 새로운 경험에 환호했다. 클럽하우스 내에서 유명 기업 임원의 목소리로 전해지는 친밀감과 솔직함은 대중에게 타 소셜 미디어와 전혀 다른 신선한 경험을 제공한다.

앞으로 클럽하우스에 참여하는 기업이나 브랜드는 담당 임원을 첫 번째 스피커로 고려해볼 필요가 있다. 예를 들어 식품 회사의 임원이 클럽하우스에서 신제품 라면의 탄생 배경을 설명하거나 전자 제품 제조사의 임원이 새로 출시되는 핸드폰의 신기능을 처음으로 소개하는 것이다. 이렇게 한다면 제품 홍보의 파급력과 입소문 면에서 기존에 활용했던 타 마케팅 채널보다 더 큰 이슈를 만들어낼 수 있다. 새로운 소셜 미디어 스타를 발굴하듯, 소통 역량을 갖춘 임원을 육성하여 클럽하우스를 통해 대중의 신뢰를 확보하고, 동시에 브랜드 스토리와 철학을 위트 있게 풀어나간다면 브랜드 인지도 상승과 고객 충성도 향상을 도모하는 혁신적인 방법론을 확보할 수 있다.

핵심 타깃 고객군을 정밀하게 타깃팅할 수 있고, 이 고객군을 팬덤화함으로써 지속적인 소통 채널을 확보할 수 있다. 명품 브랜드 마케팅에서 가장 큰 어려움은 해당 브랜드의 고객을 찾고 그가 있는 온·오프라인 채널에 마케팅을 집행하는 것이다. 명품 브랜드의 제품을 구매할 고객인지 구매할 수 있는 고객인지 정확하게 판별하는 데 현재의 마케팅 수단으로는 어려움이 따른다. 성별, 나이, 거주지, 관심사 등 소셜 미디어에서 일부 수집 가능한 제한된 정보로 마치 태평양 한가운데에 그물을 치고 고객을 기다리는 식의 마케팅 방법을 사용할 수밖에 없다.

하지만 클럽하우스에서 〈XXX 시계 보유자 및 관심 있으신 분〉, 〈XXX 한정판 가방을 소개합니다〉 등의 방을 해당 명품 브랜드가 실제로 열면 어떨까? 그렇게 한다면 브랜드와 제품에 관심 있는 고객과 실제로 구매 가능한 고객을 모집할 수 있을뿐더러, 그 고객들과 실시간 소통이 가능한 채널을 단시간에 확보할 수 있다. 명품 브랜드나 소수의 마니아적 취향의 제품과 서비스를 제공하는 기업은 타깃 고객군을 특정하거나 정형하기 힘들다. 때문에 이러한 기업들의 마케팅 관점에서 클럽하우스는 가뭄 속 단비 같은 플랫폼이라 할 수 있다.

클럽하우스의 클럽 생성 기능을 이용해 브랜드별 클럽을 만들어 브랜드 충성고객 및 가망고객과 언제든 소통할 수 있는 채널을 구축한다면 다른 채널에서는 불가능한 다양한 마케팅 활동을 할 수 있을 것이다. 이러한 클럽은 기존 소셜 미디어와는 차별화된 음성 기반의 브랜드 팬 채널이라고 정의할 수 있다. 이 채널을 통해 신제품 출시 알림이나 브랜드 스토리 홍보, 고객 상담 등의 활동을 실시간으로 전개한다면 고객에게 새로운 경험을 제공할 수 있다. 특히 기존 상담 센터의 딱딱하고 매뉴얼화된 대응과 달리, 실시간으로 친근감 있게 양방향 상담과 다양한 질의응답을 진행한다면 고객 소통에 있어 획기적인 변화를 줄 수 있다. 채널 내에서의 고객 상담 행위는 일반적인 상담 업무 성격에서 벗어나 하나의 독특한 콘텐츠로 생산되며, 클럽하우스 내의 리스너들에게 브랜드의 성격과 철학을 전달할 수 있는 매개체가 될 수 있다.

한편 클럽하우스의 특성상 가입자의 실명과 직업, 인스타그램 계정 등 대다수의 정보가 개인 정보 화면에 공개되고 있다. 때문에 기업의 입장에서 보면 타깃 고객의 유형을 정의하고 그들의 관심사와 라이프스타일을 분석할 수 있는 수많은 데이터를 확보할 수 있다. 아직까지는 애플사의 iOS 기반 제품(아이폰 및 아이패드 등) 사용자에 한해서 클럽하우스 가입이 가능하다. 그러나 곧 안드로이드 기반의 제품 사용자까지 서비스 영역이 확장이 된다면 다양한 외부 데이터에 클럽하우스에서 확보한 고객 데이터를 연계하여 다차원적인 고객 분석도 가능할 것이다.

클럽하우스를 통해 맞춤형 소통이 가능한 새로운 기업 채용 홍보 채널이 생겼다. 오늘날 기업 간의 우수 인재 유치 경쟁이 더욱 치열해지고 있다. 채용 방식도 채용 공고 후 지원자의 접수를 받는 '푸시push형'에서 기업이 직접 우수 인재를 발굴하여 채용 또는 이직을 타진하는 '풀pull형' 채용으로 확장되고 있다. 따라서 기업의 적극적인 '채용 마케팅'이 요구되는 상황이다. 특히 스타트업과 같은 신생 기업일수록 우수 인재 채용에 있어

많은 어려움이 따르는 게 사실이다.

클럽하우스가 채용을 위한 기업 홍보 및 실제 구직자와 소통 가능 채널의 역할을 할 수 있을까? 이미 클럽하우스에서 유명 스타트업들이 기업 문화와 인재상 등을 홍보하고 관심 있는 구직자와 소통하기 위한 방 개설을 시도하고 있다. 이들 방에서는 설득력을 높이기 위해 직접 스타트업 CEO와 임원이 참여하여 그들의 육성으로 기업의 비전과 전략을 공유하고 차별화된 평가와 보상 체계를 설명하며 인재 채용을 전개하고 있다. 채용 사이트의 일방향 공고와 달리 클럽하우스에서는 양방향으로 질문과 응답이 이어진다. 이로써 기업은 구직자에 대한 사전 평가가 가능하고, 구직자는 자신이 필요로 하는 정보를 좀 더 상세하게 파악할 수 있다. 클럽하우스가 양방향 채용 홍보를 위한 새로운 소통 채널이 되고 있는 것이다.

🎤 개인은 클럽하우스를 퍼스널 브랜딩 채널로 활용할 수 있을까?

✋ 유튜브, 블로그, 라이브 커머스 등의 성장으로 1인 미디어의 영향력이 더욱 증대되었고, 이에 따라 퍼스널 브랜딩이 마케팅 영역에서 큰 화두로 떠올랐다. 퍼스널 브랜딩의 성공은 단순히 유튜브 영상 수입 창출을 넘어서서 다양한 커머스 비즈니스 모델과 결합하여 새로운 유통산업 영역을 개척하고 있다. 또한 다양한 직업을 가졌다고 하여 이름 붙인 '엔잡러'와 같은 1인 기업의 성장으로 퍼스널 브랜딩과 마케팅의 중요성이 더욱 부각되고 있다.

클럽하우스가 한국에 처음 확산되었을 때 발 빠른 유명 유튜버, 인스타그램 스타들이 클럽하우스에 입성하여 활동을 시도했으나 현재 대부분은 눈에 잘 띄지 않는다. 이유가 무엇일까?

첫째, 타 미디어 플랫폼에 비해 팬 구축을 위해서 어마어마한 시간 투여가 필요하기 때문이다. 콘텐츠가 저장되지 않는 클럽하우스의 특성상 오랜 시간 동안 클럽하우스에서 체류하며 실시간으로 소통 활동을 않으면 기존 미디어와 같은 팔로어나 팬 확보 효과를 얻기가 어렵다.

둘째, 편집이 불가능한 실시간 채널이기 때문이다. 클럽하우스는 어떠한 효과도 가미되지 않은 본인의 목소리만으로 대중의 공감과 관심을 얻어야 하는 어려운 채널이라는 것을 간과해서는 안 된다.

마지막으로, 실시간 소통을 위해서는 기존 미디어와는 차별화된 대본 없는 순발력과, 개별 오디언스와 일대일 관계를 구축하는 고도의 인지·공감 능력이 요구된다는 점도 큰 이유다.

그렇다면 자신의 목소리로 진정성을 담아 실시간 소통에 힘써야 하는 클럽하우스를 퍼스널 브랜딩의 새로운 채널로 활용할 수 있을까?

퍼스널 브랜딩에 성공한 클럽하우스만의 새로운 스타가 탄생하고 있다. 앞서 언급한 클럽하우스 플랫폼의 태생적, 구조적 어려움 속에서도 그 특성을 완벽하게 활용하여 퍼스널 브랜딩을 성공적으로 해나가고 있는 새로운 1인 미디어 스타들이 탄생하고 있다.

클럽하우스에 가상의 절이 세워졌다! 〈클하사〉라는 클럽을 운영하면서 2천여 명의 팔로어를 이끌고 있는 도연 스님은 특유의 위트 있는 통찰과 다양한 분야에 대한 식견으로 많은 팬으로부터 사랑받고 있다. 현실에서의 스트레스와 쉼 없는 일상에 지친 클럽하우스 이용자들에게 〈오전 6시 아침 명상〉, 〈묵언의 방〉, 〈나를 성찰 클생 통찰〉이라는 콘텐츠들로 성공적인 퍼스널 브랜딩을 하고 있다.

도연 스님의 클럽하우스 프로필 화면.

현실에서는 만나기 힘든 도연 스님의 호소력과 진정성이 담긴 목소리, 속세에 대한 신랄한 풍자를 담은 콘텐츠, 그리고 솔직하면서도 공감 가는 생각은 퍼스널 브랜딩의 성공 방정식을 보여준다. 오디언스와 고민 상담을 하면서 순발력 있는 재치와 더불어 상대방의 고민에 깊이 공감하며 전하는 해결책은 클럽하우스만의 실시간 일대일 소통의 특성을 명확하게 이해한 콘텐츠라 할 수 있다.

클럽하우스에 공부방도 생겼다! 클럽하우스에서 돌풍처럼 떠오르는 또한 분의 스타가 있다. 60대의 나이에도 클럽하우스를 통해 들리는 목소리는 40대 초반 정도로 생각되는, 뜨거운 열정이 느껴지는 이장우(@ideadoctor) 박사다. 5천 명이 넘는 팔로어를 보유한 그는 〈평생공부방〉이라는 클럽 운영을 통해 마케팅, 디지털, AI, 라이브 커머스 등에 대한 폭넓은 지식과 경험을 함께 나누고 있다. 퍼스널 브랜딩 측면에서 살펴보면, 자신의 목소리로 양질의 콘텐츠를 전달하여 오디언스의 학습 욕구와

이장우 박사의 클럽하우스 프로필 화면.

기대치를 충족시킴으로써 지속적인 팬 확보가 가능했다고 분석해볼 수 있다.

이장우 박사가 운영하는 방에 들어가보면 그의 부드러운 주제 진행에 맞춰 모든 오디언스가 각자의 의견을 편하게 공유하고 질문에 답한다. 이는 모더레이터로서의 방 운영 노하우가 얼마나 중요한지를 보여주는 것으로, 기존 1인 미디어 채널에서는 존재하지 않았던 소통 방식이다. 클럽하우스에서의 성공적인 퍼스널 브랜딩은 개인이 모더레이터로서 양방향성을 고려하면서 참여 오디언스의 생각과 의견을 자연스럽게 끌어냄과 동시에 자신을 브랜딩했을 때에 비로소 가능하다.

클럽하우스는 내 목소리로 내가 하고 싶은 이야기를 언제든 무료로 할 수 있는 채널이다. 도연 스님과 이장우 박사의 성공 사례에서 보듯이 클럽하우스라는 공간은 퍼스널 브랜딩에 있어서 새로운 기회의 장이다. 실시간 소통에 요구되는 오디언스에 대한 빠른 응답력, 목소리가 제공하는 진정성, 신뢰성, 진실성이 클럽하우스 내 퍼스널 브랜딩의 기회라고 생각된다. 현실에서도 우리는 실시간 소통과 공감을 통해 타인에게 친밀감을 형성하고 신뢰를 얻지 않는가.

오디언스가 실제로 만나본 적 없는 상상 속 인물이 실시간으로 들려주는 목소리의 매력은 기존 소셜 미디어 내에서의 상호 소통의 한계를 극복하게 해준다. 부모님과 친구를 설득시키고 공감을 끌어내는 일상적인 대화의 기술이 개인의 마케팅과 브랜딩 방법론이 될 수 있고, 그런 면에서 누구나 자신의 이야기만 있다면 가장 쉽게 접근할 수 있는 퍼스널 브랜딩 채널이 바로 클럽하우스가 되지 않을까 조심스럽게 예상해본다.

클럽하우스만의 마케팅, 브랜딩의 제약과 위험은 무엇인가?

 클럽하우스만의 실시간 '휘발성' 커뮤니케이션은 마케팅의 최대 리스크가 될 수 있다. 기존 미디어 채널, 특히 소셜 미디어는 생산된 콘텐츠가 저장·축적되고 이용자 간 공유 및 재생산으로 확산된다. 하지만 클럽하우스는 실시간 일회성 콘텐츠라는 '휘발성'이 존재한다. 콘텐츠의 재사용이 불가능하여 지속적으로 콘텐츠를 생산하여야 하고 대중으로의 넓은 확산을 위해서는 방을 계속 개설하여 다양한 오디언스와 소통해야 한다. 즉 클럽하우스는 마케팅의 효율성 관점에서 보면 투여된 시간 대비 효과가 극도로 좋지 않은 채널이다. 클럽하우스의 표면적인 운영 원리만 본다면 길거리에서 받은 전단지를 대부분의 사람들이 휴지통에 버리는 것과 같은 원시적이고 비효율적인 마케팅 방법이라 보아도 무리가 없다.

하지만 전단지는 버려지고 사라지는 반면, 클럽하우스의 오디언스는 다른 방이나 본인의 소셜 미디어 채널, 현실 세계 등에서 클럽하우스에서 들었던 마케팅 메시지를 전파할 수 있다. 이러한 2차, 3차 확대 재생산의 관점에서는 '휘발성'이라는 클럽하우스의 제약이 역으로 오디언스에게는 콘텐츠의 폭발적인 재생산 욕구를 불러일으킬 수도 있다는 생각을 해본다.

클럽하우스는 목소리만으로 콘텐츠를 전달해야 하는 구조적 제약이 존재한다. 마케팅의 효과성과 효율성의 극대화를 위해서는 오디언스의 오감을 자극해야 한다. 하지만 현재의 클럽하우스는 목소리만이 유일한 마케팅의 도구이자 매개체다. 특히 동영상의 시대에 익숙한 'MZ세대'(1980년대 초부터 2000년대 초까지 태어난 밀레니얼 세대와, 1990년대 중반부터 2000년대 초반까지 태어난 Z세대를 통칭하는 말) 오디언스에게 시각적 콘텐츠의 도움

없이는 완결성 있는 마케팅이 불가능하다고 생각된다. 현재 인스타그램과의 연계를 통해 일부 보완이 가능하지만 동일 플랫폼 내에서의 끊김 없는 연결은 불가능하다. 특히 유튜브 등의 동영상 기반의 플랫폼과는 직접 연계가 불가능하다.

이러한 플랫폼의 구조적인 제약으로 인해 대다수의 기업 및 브랜드에게 새로운 마케팅 채널로서 클럽하우스에 접근하는 의사 결정이 쉽지 않아 보인다. 하지만 앞에서 언급했듯이 기존 마케팅 채널에서 활용하였던 콘텐츠의 유형에서 탈피하고, 기존에 사용하던 마케팅의 방식과 그 주체를 파격적으로 바꾼다면 클럽하우스 내에서 마케팅을 하는 것만으로도 경쟁사와 차별화된 마케팅 경쟁력을 보유할 수 있다고 생각한다. 또한 도화지같이 깨끗한 신생 소통 채널인 만큼 'First mover takes all'(시장을 먼저 차지하는 기업이 모든 수익을 차지하는 경향)이라는 선점 효과를 기대할 수 있는 마케팅 채널이라고 생각한다.

브랜드의 커뮤니케이션을 실시간으로 하기 위해서는 소통 내용과 그 사실에 '책임'을 질 수 있는 스피커가 필수적이다. 클럽하우스에서 불특정 오디언스에게 기업, 브랜드, 제품·서비스 정보를 정확하게 전달하고 동시에 실시간으로 소통할 수 있는 능력과 그 행위에 대한 권한 및 책임을 소유한 스피커는 기업 내에서 과연 누구인가? 이 질문의 정확한 답을 찾는 것은 굉장히 어려운 의사 결정이 될 것 같다. 유능한 임직원이 클럽하우스 마케팅 및 고객 소통 담당자가 된다고 해도 그 직원의 한마디 말실수에 브랜드의 전체 신뢰도가 한순간에 무너질 수 있는 위험이 존재한다. 그리고 많은 기업이 이용하고 있는 소셜 미디어 관리 대행사와 같은 에이전시 구조가 클럽하우스 마케팅에서 과연 가능할까 하는 의문도 든다. 광

소통의 리셋, 클럽하우스

고주의 컨펌이 불가능한 실시간 소통의 특성상 대행사의 역할 범위는 좁아질 수밖에 없고, 기업과 브랜드가 큰 리스크를 부담하면서 클럽하우스 마케팅에 에이전시 구조를 가져가기도 쉽지 않아 보인다.

지금도 우리는 소셜 미디어상에서의 잘못된 소통으로 기업 이미지가 실추된 사례를 많이 보고 있다. 그런데 '그 말을 하지 않았다'를 증명할 수 없는 휘발성의 클럽하우스에서는 잘못된 소통의 위험이 더 크다고 판단한다.

🎙 〈클럽하우스 비즈니스 스쿨〉 방을 나가며 강조하고 싶은 것이 있다면 무엇인가?

✋ 대고객 마케팅 커뮤니케이션의 핵심은 '신뢰성'과 '진정성'의 전달이며, 클럽하우스의 매력 및 경쟁력 또한 목소리 기반의 소통이 주는 '신뢰성'과 '진정성'이다. 지금까지 언급한 클럽하우스에서의 마케팅 및 브랜딩의 제약 요건과 위험을 혁신적인 아이디어와 지혜로운 운영 노하우로 극복한다면 기업과 개인은 가장 효과적인 마케팅 채널을 손에 넣을 수 있지 않을까. 조금은 낙관적인 의견으로 이 방을 Leave Quietly(조용히 나가기) 하고자 한다.

신호상
버거킹 코리아 마케팅 총괄 담당(CMO) 상무. 마케팅 전략, 제품 개발, 마케팅 커뮤니케이션, 디지털 마케팅팀을 이끌고 있음.

다양성을 존중할 때
시작되는 소통의 리셋

신영선 님, 김정원 님, 이종범 님, 신호상 님과 함께 각각의 방에서 보낸 시간은 어떠셨나요? 이제 클럽하우스가 무엇이고, 왜 사람들이 클럽하우스에 빠져들며, 어떻게 이곳에서 소통에 대한 목마름을 해소하고, 그 소통이 어떻게 브랜딩과 마케팅으로 연결될 수 있는지 이해하셨기를 바랍니다. 물론 우리 모두 같은 방에 다녀왔지만, 독자 한 분 한 분마다 클럽하우스에 대해 다른 감상과 질문을 갖게 되셨을 것이라 생각합니다. 제가 개인적으로 좋아하는 클럽하우스의 방들은 생각의 다양성을 더욱 풍성하게 해주는 대화를 담고 있거든요. 이 책에 대한 다양한 생각의 조각을 들고 클럽하우스에 오셔서 저희와

허심탄회하게 이야기를 나눠볼 수 있는 시간이 오기를 고대하고 있겠습니다.

이쯤 되면 〈프롤로그〉와 〈에필로그〉만 쓰고 있는 너는 이 책의 저자라고 할 수 있냐?'라는 합리적 비판이 머릿속에 떠오르실 수도 있을 것 같습니다. 저 또한 그런 생각을 했거든요. 그리고 이 책을 준비하는 과정과 제가 클럽하우스에서 활동하는 모습이 매우 닮았다는 결론에 이르렀습니다. 저는 전문성이나 깊이 있는 이야깃거리를 많이 갖고 있지는 않지만, 재미있고 감동적인 다양한 삶의 이야기를 찾아내 잘 버무려내는 모더레이터가 되고 싶거든요. 우리들의 소통이 더 풍성해질 수 있도록 말이죠. 제가 클럽하우스에서 진행하는 방들에서도 직접 이야기를 많이 하기보다는, 그 분야의 전문가분들을 모셔서 그분들과 다른 스피커들이 함께 대화를 잘 나눌 수 있도록 하는 데 더 신경을 쓰고 있습니다. 제가 훌륭한 네 저자분들을 모아 이 책을 함께 써달라고 부탁한 것처럼요. 그런 의미에서 저는 이 책의 모더레이터로 불리는 것이 더 어울릴 것 같습니다.

제 삶의 궤적을 돌아보면 정말이지 콘텐츠 전문성이 없다는 생각이 듭니다. 저는 카이스트에서 생명화학공학을 전공했는데요, 어느 날 제가 이과가 아닌 문과 성향이 더 강하다는 것을 깨닫고 큰 충격에 **빠졌습니다**(이과 문과 구분이 바람직하다고 생각하진 않지만, 개인마다 더 강점을 보이는 분야가 있다고 생각하거든요). 그때부터 엄청난 방황이 시작되었죠. 대기업 상사 인턴, 외국계 경영 컨설팅 회사 컨설턴트, 아프리카 고아원 봉사자, 에티오피아 정부 기관 프로그램 매니저, 아프리카산 공정무역 친환경 수제화를 유통하는 사회적 기업 창업가(아쉽게도 폐업), 빅데이터 기반 IT 벤처 창업가(운 좋게도 매각), 중견 IT 기업 임원, 비영리 재단 사업팀장을 거쳐 지금의 ESG 컨설팅 및 투자사 근무에 이르렀습니다(중간에 잠깐 연예기획사에서 일한 적도 있어요). 이력서를 보는데 정말이지 일관성이라고는 찾아볼 수 없는, 누더기가 따로 없더군요. 재무통, 마케팅 전문가, 전문직, 학자 등으로 분류되는 소위 '스페셜리스트specialist'들을 보면서 제 무한한 넓고 얕음에 한숨을 내쉬곤 했습니다. 전문성 부재라는 문제의 해답을 찾고 싶어 일을 쉬는 기간에 페이스북에 글을 하나 올렸습니다. '백수가 되었으니 밥을 사주신다면 어디든 찾아가겠습니다.' 너무나 감사하게도 백 명이 넘는 분들이 댓글을 달아주셨고, 두 달 동안 120명을 일대일로 만나 밥, 술, 커피를 함께했습니다. 그들이 생각하는 김경헌은 어떤 사람인지뿐 아니라 그들의 요새 관심사는 무엇인지까지 폭넓게 이야기했습니다. 그렇게 제 윤곽과 알맹이가 선명해지기 시작했습니다.

이렇게 길게 제 커리어와 고민에 대한 이야기를 한 이유가 있습니다. 인간 김경헌이 이 과정에서 찾은 그 '알맹이'가 클럽하우스 이용자 Kay Kim이 느낀 '소통의 가장 중요한 요소'와 맞닿아 있었기 때문입니다. '다양성에 대한 이해와 공감'이 바로 그것입니다. 넓고 얕았던 제 인생 경험 속에서 제가 남들보다 더 많이 할 수 있었던 것이 한 가지 있었습니다. 매우 다양한 사람들을 만나고 그들의 삶을 간접 체험할 수 있었다는 것입니다. 빌 게이츠와 이야기를 나눴던 시간만큼이나 남수단 고아원의 배곯는 아이와 교감했던 순간도 선명한 기억으로 남아 있습니다. 제 삶에 큰 영향을 주었던 교회 청년부 시절의 담당 목사님만큼이나 독일에서 만나 용맹정진을 함께한 파란 눈의 현각 스님에게도 깊은 깨달음을 선물받았습니다. 제게는 고객사인 대기업의 이익을 극대화하기 위해 치열하게 고민하는 친구도 있고, 비영리단체에서 사회 변화를 이끌어내고자 노력하는 친구도 있습니다. 창업이라는 큰 도전을 두려워하지 않는 친구도 있지만 반대로 편안하고 안정적인 직장 생활을 하며 본인의 소소한 취미를 쌓아가는 데 삶의 의미를 두는 친구도 있습니다. 그들 모두의 삶과 가치관에 제가 백 퍼센트 공감한다고 말할 수는 없습니다. 하지만 적어도 그들의 생각과 다양성을 존중하고, 나아가 온전히 이해하려고 노력하며 살고 있습니다.

클럽하우스에서 느낀 다양성의 면모는 지금까지의 제 경험을 훨씬 뛰어넘는 것이었습니다. 지금 이 순간에도 수백 수천 가지 주제로 방들이 열리고 있고, 그곳에서는 의견과 주장이 충돌하기도 합니다. 때로는 깊은 갈등의 골이 생기기도 하고요. 이 대화의 정글에서 눈에 띄게 빛나는 사람들이 있습니다. 그 어떠한 순간에도 상대방을 이해하고 존중하며 공감해주려고 노력하는 이들입니다. 저도 그런 사람이 되고자 하고요.

앞서 첫 번째 방인 〈클럽하우스, 대체 정체가 무엇인가〉에서 언급한 바 있는 클럽하우스의 커뮤니티 가이드라인은 이 중요한 소통의 원리들을 모두 담고 있습니다. 그중에서도 원칙으로 소개한 이 다섯 가지 모두 건강한 다양성이라는 기초 위에 서 있는 소통 원칙의 진수라고 생각합니다. 이 책의 막바지에서 그 원칙들을 다시 본다면, 처음과는 조금 다른 것들을 느낄 수 있을 것 같습니다.

1. **Be yourself**: 자기 자신으로 임하세요.

2. **Be respectful**: 존중하는 태도를 가지세요.

3. **Be inclusive**: 포용적 자세를 보이세요.

4. **Build empathy and understanding**: 공감하고 이해하는 마음을 쌓으세요.

5. **Foster meaningful and genuine connections**: 의미 있고 진정성 있는 인연(관계)을 만들어가세요.

〈클럽하우스 한국 커뮤니티〉 클럽의 구성원들은 이 원칙의 중요성에 절대적으로 동의하고 있습니다. 매일 운영하는 〈클럽하우스 신입생 환영회〉 방에서 단 하루도 빠지지 않고 이 다섯 가지를 설명하는 이유가 거기에 있습니다. 우리가 클생이 아닌 현생에서도 이 원칙을 잊지 않고 실천한다면 우리 사회의 소통은 얼마나 더 건강해질까요?

다양성 이야기를 하다 보니, 예전에 존 마에다John Maeda 전 RISD(Rhode Island School of Design) 총장님과 나눴던 대화가 떠오릅니다. 당시 저는 창의적 교육에 대한 관심이 많았는데요, 그 분야의 전문가인 총장님께 "어떻게 하면 창의적인 교육을 할 수 있나요?"라고 물었습니다. 그랬더니 일본계 미국인인 총장님께서 껄껄 웃으시면서 "한국이나 일본 같은 나라는 '내가 이런 것이 창의적 교육이다' 하고 말하면 그걸 주입식으로 만들어서 전파하기 급급할 것이다"라고 답하셨습니다. 더욱 답답해진 제가 던진 "그럼 방법이 없는 걸까요?"라는 질문에 이런 답변이 돌아왔습니다.

"우리가 다양성을 인정하는 문화를 만들면 교육은 자연스럽게 창의적으로 변화할 것이다."

다양성에 기반한 '제대로 된 소통'이 사회를 어디까지 변화시킬 수 있을지 궁금하지 않으세요?

이 글을 쓰고 있는 지금, 저는 〈당신의 사진을 읽어드립니다〉라는 클럽하우스 방의 대화를 듣고 있습니다. 시각장애인 친구들과 함께 모인 방에서 스피커들이 사진을 한 장씩 가져와 생동감 있게 자세히 설명하면서 웃고 떠들며 공감하고 있었습니다. 돌이 채 되지 않은 귀여운 어린아이의 사진을 보며 그 아이의 포즈와 표정, 손에 들고 있는 소품과 옷, 배경의 분위기를 설명해주는데, 사진을 보지 않은 저도 마치 보고 있는 것 같은 놀라운 경험을 할 수 있었습니다. 그들은 시각장애로 생길 수 있는 소통의 벽을 적극적으로 허물고 있었습니다. 부끄럽게도 클럽하우스를 이용하기 전까지 저는 시각장애인 친구가 한 명도 없었습니다. 만나서 제대로 대화를 나눠볼 기회조차 없었으니 말이죠. 하지만 지금 제게는 너무나 멋진 시각장애인 클친들이 생겼고, 우리의 대화를 가로막는 장벽은 존재하지 않습니다. 이 친구들과의 대화를 통해 저는 장애에 대한 편견과 무지를 깨우치는 중입니다. 그렇게 클럽하우스의 다양성은 깊어지고 있습니다.

국내 클럽하우스 이용자는 계속 늘어나고 있습니다. 하지만 뜨거운 열기를 느꼈던 2021년 설 연휴 이후로 클럽하우스의 인기가 점점 수그러들고 있다고 느끼는 분들이 많습니다. 예전에는 한 방에 수천 명이 모이는 것을 심심치 않게 볼 수 있었는데, 지금은 방의 크기가 많이 줄어들었다는 것이죠(여기에는 클럽하우스의 방 노출 알고리즘 변화도 큰 영향을 주긴 했습니다). 안드로이드 버전이 배포되면 이용자가 또다시 급증할 수도 있겠지만, 경쟁 서비스의 등장으로 증가 폭이 크지 않을 수도 있다며, 이렇게 클럽하우스라는 플랫폼이 점점 영향력을 잃게 되는 것은 아니냐는 걱정 섞인 예측을 하는 분들도 계시고요. 하지만 저는 방의 크기나 이용자 수는 크게 중요하지 않다고 생각합니다. 제가 생각하는 클럽하우스의 소통 혁명은 양이 아닌 질에서 오기 때문입니다. 물론 양질의 정보나 재밌고 흥미로운 이야기를 많은 이들에게 전할 수 있는 큰 방들도 클럽하우스의 중요한 구성 요소 중 하나입니다(4월 초에 적용된 첫 번째 유료화 기능인 '기부하기'를 통해 더 많은 크리에이터가 클럽하우스에 유입되면 이런 방들이 더 활성화될 것으로 예상합니다). 하지만 참여자의 대부분이 리스너인 그런 방들은 라디오나 팟캐스트와 크게 다르지 않습니다. 클럽하우스를 기존의 오디오 기반 매체와 구분하는 가장 큰 차이는 바로 밀도 있는 대화에서 시작되는 '진실된 연결'입니다. 제가 〈프롤로그〉에서 소개한 〈소소소소한 방〉에서 소중한 클친들을 만났던 것처럼요.

〈소소소소한 방〉 이야기가 나온 김에 마지막으로 한 가지 화두를 더 던져보려 합니다. 〈프롤로그〉의 첫 번째 문장을 기억하시나요?

바로 "오늘 클하 말고 뭐했어?"라는 문장인데요, 여기에 아주 중요한 특징이 하나 숨어 있습니다.

제가 클친들에게 이렇게 안부를 묻는 〈소소소소한 방〉은 '수평 어'를 사용하는 방입니다. 서로가 같은 높이의 언어, 특별히 '낮춤말' 을 함께 사용하는 수평어는 클럽하우스의 많은 방에서 찾아볼 수 있 습니다. '반모', '반말 방', '예의 있는 반말'과 같이 다양하게 표현되지 만 본질은 하나입니다. 서로 수평적으로 소통하자는 것. 만나면 서로 의 나이부터 묻고, 연령과 지위에 따라 상하관계부터 형성하는 대한 민국에서 초면인 사람들이 수평어를 사용하는 광경은 너무나 생경합 니다. 하지만 클럽하우스에서 "여기는 반모 방이야"라는 안내를 들으 면 상대가 국회의원이든, 직장 상사나 유명 대학의 교수든 상관없이 바로 수평어를 사용합니다. 그리고 수평어 방에서는 더 편하게 서로 의 의견과 감정을 나누는 것을 볼 수 있습니다. 제가 인터뷰했던 쌈 디 님과 정재승 박사님도 여기에 동의해주셨고요. 언어의 눈높이를 맞추는 것이 원활한 소통에 어떤 영향을 주는지 곱씹어보게 됩니다.

'다양성에 대한 이해와 공감'이라는 따뜻한 모닥불을 둘러싸고 오가는 진짜 소통이 친구를 만듭니다. 서로 점점 더 단절되는, 나와 '다른' 사람을 만나는 게 더 어려워지는 이 불통의 사회를 살아가는 우리에게 정말 필요한 것은 언제든 편히 이야기를 나눌 수 있는 친구가 아닐까요? 결국 클럽하우스가 촉발한 소통의 리셋 끝에 남는 것은 '다양한 새 인연'이라는 생각이 듭니다. 그래서 오늘도 클하 이용자들이 밤잠을 줄여가며 클친을 만나러 이 흑백의 앱 아이콘을 누르는 것이겠지요.

제가 가장 좋아하는 클럽하우스의 다섯 번째 원칙과 그 부연 설명을 한 번 더 반복하면서 끝맺으려 합니다.

"Foster meaningful and genuine connections. This is what Clubhouse is all about."

의미 있고 진정성 있는 인연(관계)을 만들어가세요. 이것이 클럽하우스의 전부입니다.

소셜 미디어의 새로운 미래를 만나다
소통의 리셋, 클럽하우스

ⓒ 김경헌, 김정원, 신영선,
신호상, 이종범, 2021

초판 1쇄 2021년 4월 23일

ISBN 979-11-5706-229-4 (03320)

만든 사람들

기획편집	신주식
편집도움	황정원
디자인	이미경
마케팅	김성현 최재희 김규리
인쇄	한영문화사

펴낸이	김현종
펴낸곳	㈜메디치미디어
경영지원	전선정 김유라
등록일	2008년 8월 20일 제300-2008-76호
주소	서울시 종로구 사직로9길 22 2층
전화	02-735-3308
팩스	02-735-3309
이메일	medici@medicimedia.co.kr
페이스북	facebook.com/medicimedia
인스타그램	@medicimedia
홈페이지	www.medicimedia.co.kr